Den store Kali - tidens gudinde

KIRAN ATMA

Den store Kali

Hinduistisk Pantheon-serie (Dansk), Volume 1

Kiran Atma

Published by Ponapan Publications, 2024.

While every precaution has been taken in the preparation of this book, the publisher assumes no responsibility for errors or omissions, or for damages resulting from the use of the information contained herein.

DEN STORE KALI

First edition. May 1, 2024.

Copyright © 2024 Kiran Atma.

ISBN: 979-8224994991

Written by Kiran Atma.

Indhold

DEDIKATION

Denne bog er dedikeret til religionsfrihed og trosfrihed, et begreb, der beskytter en persons eller et samfunds ret til at demonstrere religion eller tro gennem undervisning, praksis, tilbedelse og overholdelse, hvad enten det er offentligt eller privat.

Bhadrakali, du er lykkebringende og triumferende!

Bærer af en dødningehovedkvast!

Det er svært at kende dig, kære mor!

Beskytter og vogter med medfølelse.

Vi bøjer os for dig, som legemliggør det hellige ord, der gives i alle ceremonier!

Må den almægtige Gudinde oplyse vores sind. Må vi lære dig bedre at kende, kære Urmoder,

Åh ... Den evige og oprindelige!

INTRODUKTION

Tidens gudinde, Kali. Evigheden eller tidens transcendente kraft, Maha-Kali, også kendt som oprindelsen (adya) eller den første kraft, er det primære kendetegn ved den evige nat (Prathama). Tidens kraft, der ses som en guddom, vises som en gudinde, ægtefælle til Sivas transcendente tidsaspekt (MahaKala). Tid (Kala) defineres som "det, der adskiller alle ting". Det betragtes som Siva, Ødelæggerens kosmiske aspekt. I Bhagavadgita står der: "Jeg er tid, evigt indstillet på at ødelægge universerne."

Den feminine version af begrebet kala, Kali, siges at symbolisere tidens "energi" eller "kraft". Skildring af Kali. Kali afbildes ofte som en smuk ung dame med mørkeblå hud, der kun er klædt i et hula-nederdel lavet af afskårne lemmer. Hendes store, stærke bryster er ved at bryde igennem lærredet. Hendes lange, mørke hår falder ned ad ryggen og ud over skuldrene. Hendes sorte ansigt med de store, skinnende øjne er så lysende smukt, at det er svært ikke at blive tiltrukket af det. Hendes tunge stikker en lille smule frem og strejfer forsigtigt hendes overlæbe. Der er en svag antydning af tænder, selv om det måske bare er et trick fra lyset.

Kniven i den ene af hendes fire hænder er ikke et fantasifoster: Den drypper af blod. Det er hendes afrevne hoved i den anden hånd heller ikke. Om hendes hals hænger en halskæde med et dødningehoved. Hun bøjer sig ind over Shivas blege, liggende krop og holder Shivas erigerede fallos i sin åbne vagina, som skinner hvidt og skummer mellem hendes rødfarvede skamlæber.

Han ligger på en lotusformet seng med fire kranier, der støtter ham. Flammer strømmer ud af Kalis hoved og skuldre samt Shivas fødder, blæst af en usynlig vind. Frygt ikke, en af hendes hænder er løftet i en "frygt ikke"-gestus. En anden giver velsignelser ved at pege nedad. Hun er mildt sagt en hård modstander. Folk, der kom ind i mit hjem, mens jeg havde kunstværket, kiggede ofte på det fra siden eller stod foran det i et par minutter og stirrede.

Der var tidspunkter, hvor jeg forstod, hvorfor de reagerede, som de gjorde. Selv om jeg kendte billedet og kunne recitere den esoteriske betydning af alle de kranier og afhuggede lemmer, overraskede maleriet mig ofte. Hver gang jeg kiggede på det, blev jeg mindet om, at Kali, det mest magtfulde element i det feminine, ikke er en gudinde, man skal spøge med. Det rituelle billede af Kali. "Det mest skræmmende er, at hendes latter afslører hendes frygtelige tænder," står der om Kali i Kali Tantra. Hun står på toppen af en krop. Hun har fire arme. Hendes hænder, som bærer et sværd og et hoved, gør tegn til at fjerne frygt og skænke velsignelser. Hun er Sivas ægtefælle og den heldige gudinde for søvn.

Gudinden er storslået, når hun er nøgen, kun klædt i rummet. Hendes tunge stikker ud af munden. Hun er udsmykket med en hovedbeklædning. Sådan er formen på Tidens Magt, Kali, som lever midt i kremationsbålene, værd at meditere over." ([496] Kali Tantra)

KALIS SYMBOLIK:

DEN DØDE KROP.

Kali vises som det ultimative mørke, der fortærer alt, hvad der eksisterer, og derfor står oven på "ikke-eksistensen", det knuste univers' lig.

Det er gavnligt (Siva), hvis den kraft, der giver liv til kosmos, forbliver dominerende, men når den mister styrke, bliver den til et lig (sava).

Derfor hævdes det, at Livets Herre (Siva) er et lig uden jeg'et - et tegn på hans almagt (sava). Når den manifesterede verden vender tilbage til den evige tids herredømme, er den livløse krop helt sikkert et symbol på det, der er tilbage af det manifesterede kosmos.

Alt, hvad der er tilbage ved verdens ende, er tidens kraft, ødelæggelsens kraft. Det er let at forestille sig, at man står på toppen af vraget af en verden i ruiner, hjælpeløs som et lig.

DET SKRÆMMENDE UDSEENDE

Når krigeren "gør det af med" den besejrede fjende og står alene på slagmarken, indgyder hans tilstedeværelse kun frygt. Hvem ved sine fulde fem ville vove at se ham i øjnene? Kali er forfærdelig. Hendes skræmmende udseende repræsenterer hendes ubegrænsede destruktive kraft.

HENDES LATTER

I sejren griner sejrherren. Denne latter er en erklæring om total kontrol over alt. Den håner dem, der forsøger at flygte i deres forfængeligheds tåbelighed.

HENDES FIRE ARME.

Kalis fire arme symboliserer de fire retninger i rummet, som svarer til hele tidens cyklus. De fire hjørner bruges ofte til at symbolisere fuldstændighed. Med sine fire arme repræsenterer hun fuldendelsen af alt og det absolutte herredømme over alt, hvad der eksisterer. Fire arme symboliserer altid fuld dominans i det præcise symbolsprog. Dette er også korsets betydning.

SØLVET

Sværdet på Her er et kraftfuldt våben og symboliserer evnen til at ødelægge.

DET HOVED, DER BLEV FJERNET.

Krigeren beholder hovedet af sit offer som et trofæ. Denne pris skildrer den skæbne, som de levende må se i øjnene. Gudindens afhuggede hoved tjener som en påmindelse til alle levende væsener om, at der ikke er nogen flugt fra tidens almagt (Kali).

FRYGTEN FJERNES MED HÅNDEN.

Der er en frygt for ødelæggelse, hvis der er eksistens. Frygt er til stede i alle former for liv; det er den regel, der styrer alt. "Ild brænder af frygt for ham; solen skinner af frygt for ham." ([497] Kaha Upanisad 2.3.3.)

Alt, hvad der har en grænse, er bange for det, der ligger uden for den. Kun den absolutte tid (mahakala) kender ingen frygt, da den gennemsyrer alt og ikke har nogen grænse. Ifølge Upanisaderne er det kun den person, der lever "hinsides det hinsides", der "eksisterer uden frygt".

Kali, tidens altødelæggende kraft, er personificeringen af al frygt, men hun er selv frygtløs; hun alene, som er frygtløs, kan beskytte dem, der påkalder hende, mod frygt. Hånden, der fjerner frygten, har denne betydning.

DEN GIVENDE HÅND.

Alle livets glæder er flygtige; al menneskelig glæde er blot en spinkel afspejling af vores virkelige natur, som er grænseløs lyksalighed.

Men denne bevidsthed er kortvarig og bliver hurtigt overskygget af smerte.

Ægte lykke kan kun findes i ting, der varer ved. Kun Tidens Magt er evig; det er den eneste kilde til glæde. Derfor er Kali den, der skænker lykke. Hendes offerhånd er et symbol på dette.

KRANIERNES HAVE.

Liv og død er uløseligt forbundet. Der kan ikke være noget liv uden død, og der kan ikke være nogen død uden liv. Derfor er der brug for et fælles støttesystem for liv og død.

Den ultimative lykke er hende, der tager sig af både de levende og de døde. Hun er den eneste, der kan hjælpe både de levende og de døde. Alt liv er afhængigt af hende, og det, der er tilbage efter døden, er ligeledes afhængigt af hende.

Døden er ikke en øjeblikkelig udslettelse. Derfor bærer hun en krans af kranier på sit bryst, de kranier, der engang rummede liv, og som nu er efterladt som påmindelser om døden.

RÅ SKØNHED OG ÆGTE NØGENHED

Kosmos er også dets slør, da det er skabt og gennemsyret af tidens evige kraft. "Han gik ind i det efter at have skabt det." (Taittiriya Upanisad [498] 2.6.)

Når kosmos ødelægges, efterlades Tidens Kraft nøgen og uden et ligklæde. Derfor er gudinden "klædt i rum" (digambara) og bærer intet andet end rummets enorme udstrækning.

BEGRAVELSENS BÅL.

Hun kan blive opdaget i nærheden af verden-i-begravelsesødelæggelsens bål. Hun er kun at finde der. Derfor beskrives hun som en, der bor i nærheden af en kirkegård, en kirkegårdens beboer.

FARVEN SORT.

Kali er mørk, fordi hun repræsenterer tamas-tilbøjeligheden (spredning eller tilsløring). Men hvorfor skulle urkraften, "hvis øjne er solen og månen", og "hvis lys oplyser universet", beskrives som sort, så dyster som de frygtindgydende skyer i ødelæggelsens time?

Hun er sort, bliver der svaret, for hun er den ultimative kraft, hvor alle forskelle forsvinder. Alle nuancer bliver til sort under tidens magt. I den evige nats altgennemtrængende mørke vender alle former tilbage til formløshed.

Kalis aspekt med to ansigter.

Kali er det højeste, mest abstrakte element af guddommelighed i manifestationens hierarki. Hun symboliserer et skridt ud over alle tilknytninger i en verden, hvor nydelse er forbundet med tilknytning og derfor ser skræmmende ud for os.

For at opnå den ultimative lykke må mennesket én efter én opgive alle sine dyrebare ejendele, al sin glæde ved at være et levende væsen.

Det er ikke uventet, at det niveau, der nås ved at opgive alt, hvad der ser ønskværdigt ud, synes at være det mest skræmmende mørke set udefra.

Men det er kun ved at konfrontere denne uundgåelige sandhed, som i første omgang synes at være summen af alle rædsler, at mennesket til sidst kan forstå, at det stadie, der skræmmer ham, symboliserer essensen af alt, hvad der søges, den grænseløse ultimative nydelse. Døden ville medføre udslettelse, hvis det ultimative stadie, niveauet hinsides manifestation, var tomhed, og Kali ville som ødelægger af alt, hvad der er manifesteret, ikke være andet end personificeringen af universel frygt.

Men der er et ultimativt stadie, som er ren nydelse, der eksisterer hinsides former, død og eksistens. Set fra livets og den verdslige nydelses synspunkt er Kali kun en smule bange. Når det relative overskrides i løbet af menneskets åndelige rejse, smelter dets unikke karakter sammen med den oprindelige, grænseløse lyksalighed. Som følge heraf har Kali, ødelæggeren, en dobbelt personlighed.

Hun er den frygtelige ødelægger af alt, hvad der eksisterer ud fra den begrænsede eksistens' perspektiv. Derfor er hun kendt som Tidens Magt, mens hendes mandlige modstykke, kendt som Kala i kosmologien, i religiøse tekster er kendt som Rudra, Tårernes Herre, eller Bhairava, "Den Vredefulde".

Når alt er tilintetgjort, og tidens kraft er beroliget, træder den evige nats sande væsen frem som ubegrænset nydelse og evig ro. Kali kaldes også den transcendente nat (Maharatri) eller æterens kraft i denne forbindelse (Parvati). Den lykkebringende søvnens herre (Siva) eller glædens bolig er hendes modstykke (sambhu). Puraaerne og tantraerne nævner otte større Kali-repræsentationer, som hver især svarer til en af Sivas otte hovedegenskaber.

Disse Kali-aspekter er kendt som Daksia, Bhadra, Guhya og så videre. Kali får en vigtig plads i forskellige hinduistiske skrifter. Arjuna påkalder de tre aspekter af Kali i Mahabharata-kapitlet umiddelbart før Bhagavadgita. "Jeg bøjer mig for dig, ædle gudinde (arya) af himlen, leder af de realiserede. Jeg bøjer mig for dig, o tiebrune dame, gulbrun, bronzemørk, du er tidens lykkebringende kraft, tidens transcendente kraft (Maha-Kali)." [499]) (Mahabharata 6.23.4-5.)

KALIS OPRINDELSE

At forstå hinduismens udvikling er en hjælp til at forstå Kalis opstigning. Offerritualet kendt som yagna, hvorigennem præster forsøgte at tilkalde himmelske væsner og styre universets funktion, var centrum for hinduismen i hele den vediske æra. Den hinduistiske religion blev mere og mere teoretisk og klosteragtig med fremkomsten af heterodokse trossystemer som buddhismen i det femte århundrede f.Kr, som var imod ritualisme.

Mellem det femte og femtende århundrede e.Kr. blev hinduismen mere teistisk: En personlig gud opstod, formet i sange og fortællinger, anbragt i templer og tilkaldt og tilbedt via ceremoniel puja. Brahminernes tilegnelse og tilpasning af ikke-vediske, sandsynligvis tantriske, guder, trosretninger og praksisser, som var populære blandt de mennesker, der i årevis var blevet afvist af de vediske ritualer og den intellektuelle elite, gav næring til denne proces.

Den gudinde, der i dag er kendt som Kali, har sammen med mange andre guder og gudinder sandsynligvis sluttet sig til det hinduistiske panteon fra dette ikke-vediske rige. Mens andre guder som Krishna, Shiva og Durga var i stand til at nå ind i hinduismens centrum, forblev Kali på ydersiden af det hinduistiske samfund, og hendes udseende satte selv de mest imødekommende tilbedere på prøve. Navnet Kali optræder første gang i Mundaka Upanishad, som blev skrevet omkring det femte århundrede f.Kr. Agni, ildens guddom, har syv tunger, og Kali er en af dem.

Efter en kort henvisning i Mahabharata får Kali først betydning i Devi Mahatmya, også kendt som Chandi Patha, dateret omkring det sjette århundrede e.Kr. Kalis historier blev genfortalt, og hendes påkaldelser blev dokumenteret med stigende regelmæssighed med oprettelsen af krøniker kendt som Puranas og Tantras fra det femte til det femtende århundrede.

Da Kali blev centrum for en populær gudindebaseret religiøs bevægelse i Bengalen i det 17. århundrede, blev den ikonografiske standardafbildning, som hun i dag genkendes på i de fleste hjem, skabt. Kali var tidligere kun blevet afbildet som Chamunda, som var underernæret, grim og skræmmende.

Vedaerne betragtes af alle hinduer som grundlaget for hinduismen. Det er en samling tekster, der omfatter sangsamlinger kaldet Samhitas, ceremonielle manualer kaldet Brahmanas, asketiske overvejelser kaldet Aranyakas og filosofiske forelæsninger kaldet Upanishads.

De blev indsamlet af kvægavlende indoeuropæiske stammer, kendt som ariere, som dominerede det indiske subkontinent mellem 2000 f.Kr. og 500 f.Kr. Rig Samhita, som nåede sin endelige form omkring 1500 f.Kr. nævner ikke Kali. Mandlige guder som Indra, Agni og Soma fremhæves.

Kvindelige guddomme nævnes sjældent og har en lille rolle i de fleste historier. De fleste vediske gudinder er velvillige, f.eks. Usha, morgengudinden, Prithvi, jordgudinden, Vach, talegudinden og Aditi, modergudinden.

Men der er en ved navn Nirriti (som betyder 'forfald'), som er forbundet med død og ødelæggelse. Denne gudinde bliver bedt om at gå gennem hymner. Hun har en mørk hudfarve, bærer mørkt tøj og bor i syd, ifølge hendes beskrivelse. Mange akademikere mener, at Nirriti er den vediske Kali. Jaiminya Brahmana fra det ottende århundrede f.Kr. fortæller historien om Dirgha-jihvi, en troldkvinde, der ligesom Kali havde en stor tunge og et umætteligt seksuelt begær.

Guderne tilbad den himmelske drik Soma, som blev skabt under yagnaen, og Dirgha-jihvi, eller "den langmundede", plejede at suge den op. Indra, gudernes hersker, blev rasende over hendes gerninger og forsøgte at gribe hende, men det lykkedes ham ikke. "Lad ingen ofre noget som helst, eftersom Dirgha-jihvi suger den frembragte Soma op," tilføjede han. Sumitra, Kutsas søn, var nu meget tiltrækkende. "Gå ud og forfør Dirgha-jihvi," sagde Indra til ham. "Du har kun ét kønsorgan, men jeg har flere, et på hvert ben," sagde hun til Sumitra, da hun nærmede sig hende.

Det her kommer ikke til at fungere. Sumitra vendte tilbage til Indra og fortalte ham om sin fiasko. "På hvert lem skal jeg konstruere kønsorganer til dig," sagde Indra. Sumitra vendte tilbage til hende med disse ting. Hun tog imod ham med brede arme denne gang. De sov i samme seng. Han blev siddende i hende, efter at han havde haft sex med hende. Indra brugte sin tordenkile til at dræbe den troldkvinde, der sad fast på jorden.

Frygten for Nirriti og dæmoniseringen af Dirgha-jihvi har ført til en formodning om, at disse hymner afspejler de patriarkalske arieres ubehag, når de mødte Kali-lignende guder, der blev tilbedt af ikke-ariske landbrugsgrupper, som højst sandsynligt var matriarkalske. De vediske præster komponerede Mundaka Upanishad et århundrede eller to efter Jaiminya Brahmana, hvor Kali er en af de syv dirrende tunger fra ildguden Agni, hvis flammer fortærer offergaver og transporterer dem til guderne. Agnis syv tunger beskrives i digtet som mørke, skræmmende, hurtige som tanken, strålende karmoisinrøde, røgfarvede, blændende og lysende.

De to første ord, kali ('sort') og karali ('frygtindgydende'), dukker op igen i senere skrifter for at karakterisere gudindens frygtelige side. Karali kan også henvise til en person, der har en gabende mund og udstående tænder. Mellem det tredje århundrede f.Kr. og det tredje århundrede e.Kr. er der flere beviser på, at ikke-vediske guder, trosforestillinger og ritualer blev tilegnet.

Kathaka Grihyasutra, en ceremoniel bog, der nævner Kali på en liste over vediske guddomme, der skal tilkaldes med parfumeofre under ægteskabsceremonien, er det første sted, hvor hun identificeres som en gudinde. Desværre giver teksten ikke yderligere oplysninger om hende. Gudinder, især Kali, får større karakter i Mahabharata og Ramayana, som blev skrevet på dette tidspunkt; de er typisk autonome og (derfor) vilde og fremstår som udtryk for guddommelig vrede og legemliggørelser af ødelæggelsens kræfter.

Ashwatthamas natlige blodbad i slutningen af attendageskrigen, hvor Pandavaernes uskyldige børn bliver slagtet på en temmelig ussel måde, mens de sover, skildres i Mahabharata som et værk af 'Kali med blodig mund og øjne, indsmurt i blod og prydet med guirlander, hendes klædedragt rødmende - med en løkke i hånden, der binder mænd, heste og elefanter.

På trods af den ærbødighed, som Vedaerne nyder i nutidens hinduisme, er akademikere enige om, at hinduistiske traditioner som plante-, dyre-, mineral- og afgudsdyrkelse havde en ikke-vedisk, muligvis præ-arisk, oprindelse. Desværre vil der, indtil Indus Valley-civilisationens manuskript eller et andet epigrafisk fund bliver gjort, ikke være nogen beviser, kun spekulationer, om omfanget og arten af dette prævediske miljø, der tillod den vediske ideologi at dominere det uden at miste sit greb om den almindelige mands åndelige forestillingsevne.

Studiet af Indiens tidlige historie er et kontroversielt emne. Meget af fortiden er uigenkaldeligt gået tabt, og forsøg på at samle de overlevende brikker er alt for ofte farvet af følelser af nationalisme, etnisk stolthed, religiøs overbevisning, vedvarende vrede over kolonialismen og arven fra de banebrydende europæiske forskere, der sprøjtede deres egne jødisk-kristne fordomme og historiske synspunkter ind i et område, hvor de tydeligvis ikke hører hjemme.

I dag er der et væld af radikalt modstridende ideer, og selv de bedste er ikke uden fejl. Derfor er der i øjeblikket ingen måde at få alle de tilgængelige data til at give mening. Ikke desto mindre er det rimeligt at sige, at indisk religion altid har bestået af to sammenvævede tråde: Vedisk og tantrisk, hvor sidstnævnte gennem hele sin lange historie har omfattet alt, hvad der ikke er vedisk.

For mange var den enorme civilisation i Indus-dalen, som strakte sig fra Indus-flodens vestlige strande til Ganges østlige kyster, centrum for tantrik-filosofien, som var baseret på gudindedyrkelse, frugtbarhed, magi og shamanisme.

Denne bycivilisation toppede omkring 2500 f.Kr. og mistede sin betydning omkring 1500 f.Kr. på samme tid, som den vediske filosofi fik tag i regionen. Som følge heraf er mange historikere nået frem til den kontroversielle opfattelse, at arierne overtog og måske absorberede Indus-dalens civilisation. Ifølge en ny undersøgelse skyldtes Indus-dalens civilisations undergang snarere klimaforandringer end invasioner eller ukontrolleret indvandring.

Mange historikere mener, at civilisationen i Indus-dalen højst sandsynligt var Saraswati-civilisationen, da hymner i Vedaerne henviser til en stor flod, Saraswati, som tørrede ud, hvilket fik arierne til at migrere østpå til Ganges. De mener, at byerne i Indus-Saraswati-dalen ligesom andre byer understøttede en række forskellige religiøse systemer, lige fra patriarkalsk veda til matriarkalsk tantra.

De peger på byen Kalibangan, hvor arkæologer efter flere års udgravninger fandt, hvad der ser ud til at være en række af syv vediske ildaltre samt to gudindefigurer. De samtidige byer Mohenjodaro og

Harappa var på den anden side centre for blomstrende gudindekulter, som det fremgår af fundet af hundredvis af gudindefigurer i resterne.

Bondekulturer, der går forud for civilisationen i Indus-dalen, er blevet opdaget på arkæologiske steder i Zhob- og Kulli-dalene i Baluchistans højland.

Kvindefigurer af bagt ler blev skabt i disse afsidesliggende landsbyer. De fleste fortolkere mener, at disse idoler havde en ceremoniel funktion og sandsynligvis var frugtbarhedsgudinder. Mange har spekuleret i, at disse gudinders hæslige egenskaber skulle fremkalde frygt, og at de kan have fungeret som en skabelon for senere afbildninger af frygtelige gudinder som Kali.

Ifølge Matsya Purana blev Kali født som en stammegudinde fra Kalanjara-bjerget i det nordlige Centralindien, øst for Indus-flodens flodsletter, et af Indiens mest vanskelige bjergområder. Men på grund af Puranas tilblivelsesperiode kan denne information om Kalis oprindelse ikke betragtes som særlig troværdig. Tamilsk Sangam-litteratur fra det tredje århundrede f.Kr. til det tredje århundrede e.Kr. er det første dokumenterede bevis på tilbedelsen af vilde og autonome gudinder uden for de vediske rammer.

Den beskriver Korravai, en Kali-lignende gudinde for kamp og triumf, som bøfler blev ofret til, og skovkrigere, marvarerne, blev opfordret til at begå rituelt selvmord. Tantriks oprindelse. Det er uklart, om tantrik-aktiviteter opstod som følge af en reaktiv afvisning af vediske idealer, eller om vediske tabuer kun blev udviklet for at holde tantrik-forurening på afstand.

Men tantrik og vedisk tro har påvirket hinanden, så længe de har eksisteret side om side på indisk jord. De ældste vediske hymner, dateret 2000 f.Kr., er farvet af tantriske komponenter, og den ophøjede filosofi i Upanishaderne, som udgør toppen af vedisk tænkning, er kernen i tantratekster, der ikke er dateret tidligere end 600 e.Kr. Uanset hvad er der åbenlyse forskelle mellem de to afarter af hinduistisk filosofi.

Tantra ser universet som kilden til kraft, shakti, snarere end maya eller illusion, som vediske metafysikere mener. I det tantriske system afgøres ens adgang til åndelig viden af ens fortjeneste i guruens øjne, snarere end af kaste eller køn, som det er tilfældet i det vediske univers. I den vediske mytologi repræsenterer kvindelige former fortryllelse og forførelse, men i tantriske historier tager de form af stærke, viljestærke guder, som er indviet i livets mysterier og skal formildes eller tvinges til at afsløre dem.

Det er den kulturelle kontekst, som Kali opstod i - en verden med frugtbarhed, magi, ofring, guddommeliggørelse af naturkræfter, kontrol af sind og krop og højtidelig kontemplation over virkelighedens natur. Fra de ældste tantriske skrifter kan man finde kulter af Kali eller hendes inkarnationer. Hendes tilbedelse var populær blandt asketer på krematorier som Aghoras og omvandrende alkymistiske troldmænd som Nav Naths, der påkaldte Kali og praktiserede yoga for at opnå otte siddhis eller okkulte kræfter, der ville gøre det muligt for dem at ændre form eller størrelse, trodse lovene i rum og tid og udføre mirakuløse bedrifter.

Kali er forbundet med bevidsthedstilstande i Jayadrathayamala. Ifølge Nigama-kalpataru og Picchila-tantraen er Kalis mantra det bedste af alle. Kali udråbes til den største af alle Devi-manifestationer i Yogini-tantraen, Kamakhya-tantraen og Niruttara-tantraen. Guderne Brahma, Vishnu og Shiva menes at komme fra hende som havbobler, der konstant kommer og går og efterlader deres kilde uændret i Nirvana-tantraen.

Kali er uden egenskaber, hverken mandlig eller kvindelig, ren og den uforgængelige ultimative virkelighed, der i Upanishaderne kendes som

Brahman, hvorfra verden manifesterer sig og vender tilbage, ifølge Kamada Tantra. Kød, blod, begravelsesaske, kranier, vin, hallucinogener, lig, sex - alt, hvad den brahmanske orden anså for at være uhyggeligt og beskidt - blev alle brugt i ritualer for at påkalde Kali, som det fremgår af Kulachudamani Tantra, Karpuradistotra og Niruttara Tantra.

Tantrik-ordenens ritualer var en strengt bevogtet hemmelighed, som kun var kendt af dem, der var blevet optaget i Tantrik-ordenen. For det meste virkede Kali som en fjern gudinde, der var afskåret fra traditionelle samfundsnormer og klar til at give magt til enhver, der opfyldte hendes blodtørst, selv dem med tvivlsomme moralske og etiske standarder.

Denne frygt og mistillid til Kali blev afspejlet i middelalderens populærlitteratur og verdslige skrifter, som ikke var særlig venligt stemt over for gudinden, og som ofte portrætterede Kali som en grusom og skræmmende figur, der krævede menneskeofringer.

I Bhavabhutis drama Malati Madhava fra det 8. århundrede bliver heltinden for eksempel kidnappet af en heks, som vil ofre hende på Chamundas alter for at få okkulte evner.

Hinduismen gennemgik en dramatisk forvandling efter buddhismens vækst og sammenbrud i Indien. Det gamle vediske system faldt fra hinanden, og en ny form for spiritualitet, herunder tilbedelse af en personlig guddom, begyndte at herske i landet. I det nye system kæmpede tre guder om overherredømmet: Shiva, Vishnu og Mahadevi. Shaivas, Vaishnavas og Shaktas var navnene på deres disciple. Puranaerne var krøniker, der dokumenterede deres historier og ceremonier.

Markandeya Purana er f.eks. grundbogen for alle senere hinduistiske devi-kulter. Devimahatmya, også kendt som Shri Durga Saptashati eller

Chandi Patha, er en bog i bogen, som fortæller om Devi-gudinden Durgas sejr over dæmoner som Mahisha, Madhu og Kaitabha samt Shumbha og Nishumbha. I det syvende kapitel af Devimahatmya kommer Kali ud af gudinden Durgas rynkede pande for at dræbe dæmonerne Chanda og Munda, Shumhas og Nishumhas generaler.

Kalis monstrøse udseende har mørkt, magert kød, der knap nok skjuler hendes takkede knogler. Hendes gabende, blodplettede mund er indrammet af skinnende hvide tænder, der indrammer hendes flagrende, blodrøde tunge. Hendes mørke ansigt er indrammet af indsunkne, rødlige øjne.

Hun bærer tigerskind og svinger en khatvanga, en stok med kranietop, som normalt forbindes med stammeshamaner og magikere, hvilket antyder, at Kalis forfædre var voldelige, primitive mennesker. I den følgende kamp får hendes gabende mund og gnavende hugtænder, som fortærer dæmonhorderne, stor opmærksomhed.

Munda kaster på et tidspunkt hundredvis af diskusser mod hende, men de kommer ind i hendes mund "som så mange solkugler, der forsvinder ind i en tæt sky." Devimahatmyas ottende kapitel tegner et endnu mere forfærdeligt billede. Kali er nu kendt som Chamunda, og hun kæmper mod dæmonen Rakta-bija, som er umådeligt meget stærkere end Chanda og Munda.

Hver gang en dråbe af hans blod falder på jorden, dukker der et lignende monster op. Da guderne bliver skrækslagne, griner Durga bare og siger til Kali, at hun skal sluge bloddråberne. Mens Durga angriber Rakta-bija og får ham til at bløde voldsomt, spiser Kali det ivrigt. Rakta-bija vælter til jorden, udmattet og død, mens de dæmoner, der stiger op fra strømmen, dør mellem hendes snerrende tænder.

Følgende puranaer, såsom Shiva, Linga, Vamana, Matsya, Bhagavat og Devi Bhagavata, indeholder fortællinger, der fast definerer Kalis plads i den ortodokse fold i forhold til andre mandlige og kvindelige guddomme. Hun var en vild udgave af Uma-Parvati, Shivas ægtefælle og mor til Ganesha og Kartikeya, som de fleste steder skulle tæmmes af hensyn til den kosmiske ligevægt.

I Bengalen, hvor mainstream-religiøse grupper inspireret af Chaitanya ofte kolliderede med almindelig tantrisk tro og praksis, blev Kali forbundet med en anden mørk guddom, kohyrden Krishna, måske i en synkretistisk ånd. Denne tendens når et højdepunkt i Tantraraja-tantraen, hvor det hævdes, at Devi, efter at have betaget mændenes verden, antog en mandlig form som Krishna og derefter fortsatte med at fascinere kvinder.

Krishna blev født som den gyldne Guris søn og blev sort, da han blev vækket af begær, ifølge den bengalske bog Kalivilasa Tantra. Hver af de ti Maha-Vidyaer, eller manifestationer af den ultimative Devi, har et mandligt modstykke i Todala-tantraen, og Krishna menes at være Kalis ægtemand.

På trods af dette fortsatte Kalis forbindelse med kremeringssteder, urørlige klasser og stammefolk og hendes kærlighed til kød, blod og vin med at fremkalde ambivalens fra traditionelle brahmanske traditioner.

Kalis identifikation med landsbygudindekulter som Bhagavati i Kerala, Yellamma i Karnataka, Kalu Bai i Maharashtra, Tara i Bengalen, Bhadra-Kali i Andhra Pradesh, Kalika Mata i Gujarat og Rajasthan og Mari Amman i Tamil Nadu havde mere at gøre med hendes omtale i tantriske tekster eller puraniske skrifter end med hendes omtale i tantriske tekster eller puraniske skrifter.

Hun er den voldsomme vogter af grænserne, den onde side af grama-devi, som truer med sygdom og katastrofe, indtil hun bliver blidgjort med blodofre, selvlemlæstelse, krogsvingning, ildgang og offergaver i form af bryllupstøj.

Forestillingen om en gudinde, der ser bort fra traditionel etik og moral, blev usmagelig, da Kali flyttede fra esoteriske tantrik-ritualer til hjemmets helligdomme. Der blev gjort et bevidst forsøg på at gøre hende mere kulturelt bevidst og moralsk ansvarlig.

Med Kalis velsignelse vendes bøtten således mod den magiker, der forsøger at ofre Rama i den følgende historie fra Adbhuta Ramayana. Rama samlede en abehær og angreb ø-landet Lanka for at få sin kone Sita tilbage, som var blevet kidnappet af dæmonkongen Ravana. Ravana fik hjælp af sin søn MahiRavana, en tryllekunstner, da han var bange for, at Rama ville få succes med sit forehavende.

RAMA BLEV KIDNAPPET og ført til Mahis underjordiske Ravanas rige, hvor han planlagde at ofre ham til gudinden Kali.

Hanuman, Ramas abeløjtnant, forfulgte Mahi-Ravana til Kali-templet, hvor han fik at vide af gudinden, at hun ikke ville have Ramas blod. Hanuman udviklede en strategi for at overliste Mahi-Ravana med hendes hjælp. Da det blev tid til ofringen, nægtede Rama at følge Hanumans råd og lagde sit hoved på alteret. "Jeg er kongelig", siger fortælleren. Jeg har aldrig sænket mit hoved før. "Vis mig hvordan," svarede Rama. Mahi-Ravana følte sig tvunget til at protestere. Han knælede ved alteret og bøjede hovedet.

Hanuman løb frem og halshuggede Mahi-Ravana, så snart troldmandens hals nåede alteret. Kali velsignede Rama og Hanuman ved at drikke troldmandens blod. Hanuman har været Kali-templernes beskytter siden den dag. I Bengalen ændrede afbildningen af Kali sig dramatisk i det 17. århundrede. Hun blev ikke længere portrætteret som en udmagret, morderisk kælling, men som en vellystig skønhed. Overalt, hvor hendes billede var forstyrrende, blev der opbygget høje spirituelle konnotationer.

Dette tab af vildskab skyldtes en hengiven bevægelse, der blev fremmet af tantrikken Krishnanda Agamavagisha, som for første gang definerede det, der nu er den konventionelle form for Dakshina-Kali, i sin Tantrasara. Takket være tekster af mystikeren Ramprasad Sen (1718-75), som havde visioner af Kali og havde en karriere som bogholder hos en revisor, begyndte de hengivne at forestille sig Kali som en "venlig, omsorgsfuld mor". Han skrev dog Tara - det navn, han brugte til at tiltale Kali - over hele regnskabsbøgerne. Da chefen så det, identificerede han en fremtidig helgen. Ramprasad kunne godt lide at synge hymner til ære for den hellige mor, mens han vadede ud i Ganga. Folk, der døde ved Ganges bredder, bad Ramprasad om at synge for dem, og både, der sejlede ned ad Ganges, stoppede for at lytte til hans melodier. Han blev hurtigt kongens favorit. Hans sange havde stor indflydelse på den lokale kultur.

Swami Vivekanandas lærer, 1800-tallets helgen Ramakrishna, henviste ofte til sangene i sine forelæsninger.

"Mor! Du har en enorm opløsning i din håndflade, og Shiva er lykkeligt opslugt ved dine fødder. Du griner højt og forskrækker publikum. Strømme af blod vælter ud af dine lemmer.

O Tara, den, der gør godt, den, der gør alt godt, den, der giver sikkerhed, giv mig sikkerhed, o Moder. Kali, mor! Mor Kali, tag mig i dine arme! O mor, tag mig i dine arme! Når morgenen falder på nattens tykke mørke, kommer du som Tara, smilende og klædt i hvidt. "Mor! Kali, du er fantastisk!

Jeg har tilbedt dig alene i lang tid. Min hengivenhed er fuldstændig; sænk nu dit sværd, mor. Kali blev anerkendt over hele verden på grund af billedsproget og teksterne i denne bengalske hengivne bevægelse samt den effekt, den havde på bengalske akademikere, der beskæftigede sig med Vesten, såsom Swami Vivekananda og Shri Aurobindo.

Sir John Woodroffe (1865-1936), som, mens han var dommer ved højesteret i Kolkata under den britiske Raj, fandt tid til at oversætte mindre kendte tantriske tekster og kommentere dem uden den typiske europæiske nedladenhed under pseudonymet Arthur Avalon, ydede et væsentligt bidrag til vores forståelse af Kali.

GUDINDEN, DER DRIKKER BLOD

Den, der drikker blod. Kali dukker oprindeligt op i den indiske mytologi som en hektisk, kampberedt dæmondræber, der træder ind på jorden, når onde kræfter - dæmoner - truer civilisationen og især det feminine. Hovedhistorien om Kalis oprindelse er, at hun kommer ud af Durgas tredje øje på et afgørende tidspunkt i Devi Mahatmya, hvor Devi bliver udfordret af to dæmoner ved navn Chanda og Munda.

Durgas ansigt bliver mørkt, og Kali kommer til syne med et skrig, mens hun svinger sit sværd, hugger dæmoner og knuser dem mellem sine tænder. Til sidst hugger hun hovedet af Chanda og Munda og tilbyder dem til Durga. Kali møder dæmonhøvdingen Raktabija senere i kampen. Raktabija har en mystisk evne, der får dråber af hans blod til at forvandle sig til krigere.

Kali suger hans blod op med sin lange tunge, før det når jorden. Kali vises ofte med en stor tunge, som om hun suger blod fra krigere. På disse billeder vises hun ofte som en heks, mager, grim, med hugtænder og blod, der flyder fra hendes tunge. Men det ser ud til, at billedet af Kali har udviklet sig i takt med, at menneskets bevidsthed har udviklet sig gennem tiderne.

Hendes fysik blev forvandlet til noget smukt, som det er tilfældet i de fleste moderne afbildninger. Hengivne, der mediterede på Kali, begyndte at se esoterisk resonans i hendes bevægelser og redskaber i stedet for at se hende som en ondskabsfuld tilstedeværelse.

Raktabijas blod blev en metafor for de ukontrollerede begær, der opildner vores sind, og Kalis tunge blev et symbol på den yogiske viljes evne til at æde begær og ideer, så vores grundlæggende bevidstheds lysstyrke kan skinne igennem.

Blodtørstens gudinde. Jorden antager form som en ko i Bhagavata Purana og klager til Vishnu, hendes himmelske beskytter, fordi monarker, som skulle passe på hende, stjæler hendes ressourcer.

Alle dem, der irriterer jordkoen, vil blive tilintetgjort af Vishnu. Han dræber de onde monarker i forskellige inkarnationer, herunder Parashurama, Rama og Krishna.

Deres blod fodrer den sultne jord, når de falder. Som bloddrikker antager jordgudinden form af en løve, Kalis vogn. Kali er også forbundet med et ønske om blod i Devi Bhagavatams Rakta-bija-fortælling, som vi tidligere har fortalt om. De fleste traditionelle fortællinger antyder, at jorden kun giver fødsel til Devi, når hun bliver fodret af døden, og dermed af blod. Konceptet er mere tydeligt repræsenteret i traditionelle fortællinger, f.eks. i mytologien i det nordlige Tamil Nadu, hvor Draupadi fra Mahabharata æres som gudinden Vira-Panchali, en slags Maha-Kali. Draupadis vrede over at blive klædt af offentligt af Kauravaerne, mens hendes fem ægtemænd, Pandavaerne, så hjælpeløst til, forvandler hende ifølge legenden til den frygtindgydende gudinde Vira-Panchali. Hun sikrer ikke kun Kauravaernes undergang med hjælp fra Krishna, Pandavaernes velgører, men hun vasker også sit hår i deres blod.

Nedenstående fortælling er fra folkeeventyret Mahabharata, som gentages ved ViraPanchali-festerne i Tamil Nadu og Andhra Pradesh. I et terningespil gav pandavaerne deres kongerige til deres slægtninge, kauravaerne. Pandavaerne satte alt på spil for at genvinde riget, men det lykkedes ikke. Til sidst satte pandavaerne Draupadi, deres fælles kone, på spil for at genvinde deres kongerige og deres frihed. De mistede også hende.

For at demonstrere deres totale dominans over pandavaerne trak kauravaerne Draupadi ind i gården ved håret og begyndte at klæde hende af i fuld offentlighed. Draupadis bøn om hjælp blev ignoreret.

Hun råbte til Krishna om hjælp, og han bevarede hendes ære ved at erstatte hver eneste beklædningsgenstand, som kauravaerne havde taget, med en ny.

Kauravaerne indså, at Gud var på Draupadis side, og gik med til at give pandavaerne deres rige tilbage, men først efter et trettenårigt eksil i junglen, hvor de og deres fælles kone skulle overleve. Dette forslag blev accepteret af pandavaerne. Draupadi aflagde derimod en ed, før de tog af sted til skoven: Hun ville holde sit hår ubundet, indtil hun fik kauravaernes blod til at vaske det, kauravaernes knogler til at rede det og kauravaernes indvolde til at knytte det.

Pandavaerne undrede sig over, hvorfor ingen af dem kunne tilfredsstille Draupadi seksuelt under deres eksil. Krishna sagde, at hun ikke var en hvilken som helst kvinde; hun var selveste Devi, personificeringen af naturen. Kauravaerne havde frataget hende hendes tamme moderform, så hun kunne genvinde sin vilde, morderiske form. Krishna anbefalede, at de så Draupadi om natten for at overtale dem.

Draupadi gik ud i skoven ved midnat, hvor alle skulle sove, og forvandlede sig til en mørk, nøgen, vildt udseende gudinde med hugtænder og blodskudte øjne. Hun løb nøgen gennem skoven, flåede vilde bøfler og elefanter levende og drak deres blod. Hun blev rasende, da det gik op for hende, at hendes mænd havde opdaget hendes hemmelighed.

Hun jagtede dem med den hensigt at fortære dem. Det ville være lykkedes hende, hvis ikke hendes skarpe negle havde skåret sig ind i deres kød og fået dem til at bløde, da hun greb fat i dem. De fem pandavaer blev forvandlet til fem afkom, da deres blod ramte jorden. Draupadis opmærksomhed blev afledt af børnenes skrig. Hun slap sit ønske om blod og gav efter for sine moderinstinkter.

Da Kauravaerne nægtede at overgive Pandava-riget som lovet, udbrød der et voldsomt slag på Kurukshetras sletter, og Kauravaerne blev besejret og dræbt. Pandavaerne var i stand til at give Draupadi alt det blod, knogler og indvolde, hun havde brug for til at binde sit hår sammen igen og genetablere sig selv som den kærlige dronning. En anden fortælling i den tamilske Mahabharata er, at Pandavaerne garanterer deres succes i krig ved at give blod til Kali.

Kun det ideelle menneskeoffer, fortalte Krishna pandavaerne, vil tilfredsstille Kali tilstrækkeligt til at sikre deres succes i krigen. I Pandava-lejren var der tre personer, som ville være gode ofre: Krishna, Arjuna og Arjunas søn Aravan. Pandavaerne var fast besluttet på ikke at ofre deres guru, Krishna, eller deres bedste bueskytte, Arjuna.

Aravan gik med til at blive ofret, hvis han kunne få mindst én nat med ægteskabelig nydelse. Ingen kvinde var villig til at gifte sig med en fyr, der ville dø på en dag. Så Krishna forklædte sig som en kvinde, fortryllersken Mohini, som giftede sig med Aravan, tilbragte en nat med ham og sørgede over ham som en enke, da han blev ofret til Kali om morgenen.

Kali blev mere 'retfærdig', efterhånden som hun blev mere optaget af konventionel kristendom. Som den følgende fortælling fra Bhagavata Purana afslører, nægtede hun at acceptere ofring af uskyldige. Lederen af en røverbande blev lovet en søn, hvis han ofrede en brahminsk yngling uden pletter på kroppen til Kali.

Skurkene ledte efter sådan en ung mand i hele landet. Bharata var en Vishnu-Narayana-tilhænger, som var så opslugt af hengivenhed, at han aldrig talte og udførte sine opgaver i stilhed. Da han stod vagt over sin fars afgrøder, opdagede røverne ham. De bortførte ham, badede ham og gav ham god mad.

Derefter bragte de ham hen til billedet af Kali og smurte ham ind i gurkemeje og cinnober. Noget utroligt skete, da præsten gjorde klar til at ofre Bharata. Bharatas krop begyndte at skinne med den åndelige lysstyrke, han havde. Kali kunne ikke længere holde lysstyrken ud.

Hun rev sig løs fra sit idol og begyndte at spise de skurke, som forsøgte at sælge hende drengen. Hun lovpriste Bharata og forsvandt efter at have stillet sin sult med røvernes blod. At ofre sig selv var det ønskede offer. Mange udskæringer i Kali-templer viser tilbedere, der præsenterer deres egne hoveder for gudinden som et symbol på ultimativ hengivenhed.

Ifølge legenden fik digteren Kalidasa, hvis navn betyder "Kalis tjener", sine evner efter at have ofret sit hoved til Kali. Kalidasa var en enfoldig mand, som blev foragtet af sin kone. Han tilkaldte Kali og gav hende sit eget hoved (eller tunge) som offer for at gøre sig fortjent til hendes kærlighed. Gudinden blev overlykkelig, og hun bragte Kalidasa tilbage til livet. Hun slugte ham helt og spyede ham derefter ud.

Kalidasa blev renset for al uvidenhed ved at træde ind i gudindens krop. Han blomstrede op til at blive en begavet digter. Han begyndte at skrive en sang til ære for gudinden, så snart han var blevet genfødt fra Kalis læber. Han begyndte at beskrive gudinden, som nu var hans mor, fra ansigtet og ned i stedet for fra fødderne og op. Kali blev rasende over denne respektløse handling og svor, at Kalidasa skulle dø i hænderne på en dame.

KALIS DOBBELTHEDER

Kali har to ansigter. Afhængigt af den grad af bevidsthed, hvormed du nærmer dig Kali, viser hun sig på forskellige måder. I den populære indiske religion er der ifølge antropologer to primære former for Kali. Der er landsby- eller skov-Kali, hvor hun og hendes alter egoer - som Bhadrakali, Chamundi og Bhairavi - ofte ses som udkantens gudinder: skræmmende, halvt dæmoniske skovguder.

De tilkaldes af primært analfabeter i stammefolk for at beskytte dem og af magiske grunde, ofte i natlige ritualer og sæsonbestemte danse, hvor gudindebesatte tilbedere genskaber historierne med en masse skrig og skrål, drevet af hjemmebrændt lokal spiritus. Sorte magikere bruger mantraer til at tilbede den samme del af Kali for at få magiske evner og dræbe modstandere.

Kali-tilbedelse er forbundet med dyreofringer i Nepal, ligesom det er tilfældet i mange områder af Bengalen, og hendes templer lugter ofte af gedeblod. Kali er Kali Ma - mor Kali - i mere moderne hinduistisk religiøs praksis, en velvillig og kærlig kilde til alle mulige goder og velsignelser. I amerikanske Kali-templer og på hjemmesiden for Kali Mandir i Laguna Beach, Californien, optræder Kali i denne form. Hendes vildskab forstås metaforisk på dette niveau.

Kranierne omkring hendes hals repræsenterer bogstaverne i sanskrit-alfabetet, som hun bruger til at udtrykke både frigørende mantraer og vildledende tanker. (Husk, at gudinden både er den kraft, der binder os, og den kraft, der frigør os). Hendes forklædes hænder symboliserer de karmiske tilbøjeligheder, hun fjerner fra sine tilhængere, såvel som hendes egne forskellige talenter. Egoet, som adskiller os fra hende, er repræsenteret af kraniet i hendes hænder, som hendes sværd netop har hugget af. Kalis nøgenhed viser, at hun har kastet illusionen til side og afsløret hele sandheden om liv og død i sig selv.

Kalis mørke nuancer repræsenterer den ultimative tomme tilstand, hvor alle forskelle smelter sammen med det absolutte hinsides al form, og hendes farve er også esoterisk. Hendes sværd er en kraft, der er i stand til at skære igennem illusion, uvidenhed, falsk håb og bedrag. Hendes plads på toppen af Shiva viser, at hun er universets dynamiske kraft, den kraft, der ryster tomhedens stilhed og lader verdener opstå fra den sublime intethed. Kali legemliggør faktisk begge energier - den åndeligt opløftende og den skræmmende - og det er derfor, hun er så herligt dynamisk selvmodsigende.

Både som en indre kraft - en åndelig og psykologisk kraft - og som en kosmisk kraft er hun kompleks og flerdimensionel. Ram Prasad, en bengalsk digter fra det 19. århundrede, indfangede hendes modsigelser i sine hymner til Kali. Han sang om en gudinde, der både symboliserer kærlighed og ødelæggelse, og som både er Shakti i centrum af dette forvirrende univers og den kraft, der helbreder os: "Mor! I enhver form er du til stede.

Jeg opfatter dig, Moder, som til stede i din kosmiske form overalt, hvor jeg går, og hvor jeg kigger hen, i hele verden og i dens mindste og mest ubetydelige genstande. Hele universet, inklusive jord, vand, ild og luft, er din form, o Moder, hele verden af fødsel og død. Hvem kan forstå din maya, mor? Du er en skør gudinde, som har drevet alle til vanvid med sin tilknytning.

Den skøre gudinde har forårsaget så mange kvaler, at ingen rigtig kan forstå hende. "Alle sorger forsvinder, hvis hun giver sin nåde," tilføjer Rama Prasad. Vi genkalder os hendes modsigelser og den gådefulde karakter af hendes kærlighed - den kærlighed, som denne hengivne digter fornemmede i hende - i den følgende meditation.

En kraftkilde, der er tvetydig: Kali accepterer ingen sociale standarder som kastehierarki, da hun lever uden for civilisationen i skoven. Kali velsigner en mand, der ikke viser sin fortjeneste ved sin kaste, men ved sit mod i følgende folkeeventyr fra Andhra Pradesh-kysten. Kattavarayan, en helt af lav kaste, forelskede sig i Ariyamalai, en kvinde af høj kaste.

Han bad sin mor, selveste Devi, om tilladelse til at kidnappe hende. Devi antog skikkelse af Kali i en mørk, tæt jungle for at sætte hans beslutsomhed på prøve. Kattavarayan gik ind i junglen uden at være bange. Alle de vilde fugle og dyr, der forsøgte at skræmme ham væk, blev dræbt. Han dræbte også de dæmoner, der bevogtede Kalis helligdom. Kali sendte en byge af våben mod den ihærdige helt, men han afværgede dem alle.

Til sidst slugte hun ham, men hun blev nødt til at spytte ham ud, fordi hun ikke kunne holde de spark ud, han gav hende inde i maven. Kali gav ham lov til at gøre, hvad han ville, da han var sikker på sin kærlighed til Ariyamalai og sit ønske om at gifte sig med hende. Hun gav ham en magisk tromme, et magisk sværd, en række stærke besværgelser og chants og evnen til at ændre sin form efter forgodtbefindende for at hjælpe ham i hans mission. "Husk, at prisen for at overtræde kastehierarkiets normer er spidning," sagde hun.

Historien fordømmer dog ikke kastehierarkiet fuldstændigt. Skovens Kali og den Kali, der æres af samfundets medlemmer, er tydeligvis i strid med hinanden.

På grund af Kalis foragt for samfundets normer antog man, at hun var ligeglad med de moralske og etiske standarder hos dem, der tilkaldte hende, hvis de opfyldte hendes blodtørst. Kali blev anarkisternes, røvernes og troldmændenes skytshelgen på grund af denne tro. I Bhagavata Purana forsøger en bande kriminelle f.eks. at ofre en brahmansk dreng til Kali, så deres leder kan få en søn.

Tryllekunstneren MahiRavana forsøger at ofre Rama for at få Kalis gunst i Adbhuta Ramayana. Ofringen finder dog aldrig sted i nogen af disse fortællinger. I den første brænder den unge brahmins åndelige udstråling billedet af Kali, som bliver rasende og myrder tyvene. I den anden narrer Rama MahiRavana til at lægge sit hoved på offeralteret, og Hanuman halshugger MahiRavana. Resultatet er, at begge fortællinger har en lykkelig slutning, hvor de "onde mennesker" besejres, og Kali belønner den "gode mand".

De viser et forsøg på at få Kali til at passe ind i et socialt acceptabelt paradigme. Hun forvandles til retfærdighedens vogter, dræber af forbrydere og dæmoner, som i udseende ikke var anderledes end hendes tidligere følgesvende - spøgelser og nisser. Med Kali-dyrkelsens stigende popularitet var der et bevidst forsøg på at holde ceremonierne inden for kulturelle standarder.

Den vediske metode med at tilpasse alle ceremonier til den sociale linje blev populær, mens den tantriske praksis med at afvige fra de kulturelle normer blev afvist af det almindelige samfund. Kali bliver fuldstændig tæmmet i følgende folkeeventyr fra Karnataka.

Hun finder Tenali Ramans narrestreger charmerende, som om hun var en mor. Tenali Ramans far var en fattig, men troende Kali-præst. En dag var han for syg til at tage til templet, så han bad sin søn om at tage af sted i hans sted. Raman havde ingen idé om, hvordan han skulle ære statuen foran ham.

Han valgte at behandle billedet, som han ville behandle sin egen mor, der for længst var borte, for hans far havde altid fortalt ham, at Kali var hans mor. Han spurgte, hvorfor hun ikke legede med ham, gav ham mad eller badede ham, som hans mor ville have gjort. Kali blev så rørt over denne enkle handling af hengivenhed, at hun manifesterede sig som Dasha-Mukha-Kali, Kali med 10 hoveder, foran ham.

Tenali Raman brød ud i latter, så snart han så den tihovedede Kali. Kali, som var vant til at blive æret, når hun viste sig for tilbedere, spurgte: "Hvorfor griner du?" "Jeg er nysgerrig efter at vide, hvordan du renser din næse, når du er forkølet, siden du har 10 hoveder," svarede drengen. Kali morede sig også over ideen. Hun gav Tenali Raman valget mellem at drikke pengenes lækre mælk eller intellektets bitre ostemasse, overvældet af moderkærlighed.

Tenali Raman tænkte højt: "Hvordan kan jeg vælge uden at smage på begge? Tenali Raman fik en smagsprøve af hver af de to drikkevarer af Kali. Tenali Raman havde derimod drukket begge drikkevarer, før hun opdagede det. Med et smil på læben bemærkede Tenali Raman: "De var begge lækre.

Kali betragtede den unge mand, som havde bedraget hende med sin uskyld. I stedet for at blive vred smilede hun og velsignede Tenali Raman, som senere blev Krishnadevaraya, kongen af Vijayanagars elskede hofnar.

KALIS VISDOM

For først at mediere over Kali.

Kali er meditationens gudinde. Til denne træning skal du sidde eller ligge behageligt. Luk øjnene i et par minutter, og koncentrer dig om dit åndedræt, indtil du føler dig fredfyldt og fokuseret. Forestil dig, at du ligger på stranden en dejlig sommeraften.

Du er helt afslappet, tæt på jorden, og jorden føles varm. Du mærker en hellig feminin tilstedeværelse i natten, mens du kigger op i den måneløse himmel, en tilstedeværelse fuld af pulserende energi.

Når hun nærmer sig, kender du gudinden Kalis udseende og ånd. Forestil dig hende som en strålende blåsort, fuldbrystet, skinnende krop. Du kan også mærke hende kinæstetisk. Når hun kommer tættere på, stirrer du ind i hendes smukke, kærlige øjne. Du kan mærke en ubetinget hengivenhed og en invitation til frihed i hende. Tillad dig selv at indse, at denne hellige feminine tilstedeværelse ser dig fuldt ud, når du forbinder dig med Kalis kosmiske energi.

Hun ser din skønhed, dine sår, din angst, dine karmiske blokeringer og de måder, du har skadet andre på. Hun kan se dine fejl, længsler og iboende godhed. Hun ser alt, hvad der er synligt, og alt, hvad der er skjult. Hun ser dig, elsker dig og klamrer sig til dig. Hun er nådens frigørende kraft, brændende viden legemliggjort. Hun er indbegrebet af frihed.

Lad dit åndedræt forbinde dig med hendes pulserende, helt frie energicenter, som også er dit eget hjerte. Du indtager den befriende elegance i hendes tilstedeværelse med hver indånding og lader den strømme gennem din krop, din eksistens.

Og med hver udånding giver du hende tilladelse til at opløse det, der er inden i dig, og som skal frigives. Din indånding og udånding er næsten identisk med en bøn. "Jeg omfavner friheden. "I dette øjeblik lader jeg alt, hvad der kan frigives, blive frigivet."

PÅ TRE FORSKELLIGE ruter kan man udforske Kalis viden og mysterium.

Heltens vej, som vælges af tantriske indviede, den hengivnes vej, som vælges af almindelige mennesker, og den videnssøgendes vej, vismandens vej, som accepteres af intellektuelle, okkultister og metafysikere.

En helts rejse for at møde Kali.

En helt er ifølge tantraen en person, der er klar til modigt at konfrontere de værste elementer i tilværelsen, som repræsenteres af Kali. Heltens mystiske rejse, eller sadhana, starter, når han viser sin fortjeneste ved at opfylde alle guruens krav. Derefter bliver han budt velkommen i tantrik-folden. Efter diksha-indvielsesprocessen opfordrer guruen eleven til at konfrontere sine bekymringer og undersøge sin moral og sine renhedsforestillinger.

Han bliver udfordret til at spise ting, han aldrig har turdet spise, se ting, han aldrig har turdet se, høre ting, han aldrig har turdet høre, og gøre ting, han aldrig har turdet gøre. Han er tvunget til at spise kød, hvis han er vegetar. Hvis han ikke er vegetar, bliver han tvunget til at spise kød.

Han opfordres til at spise menneskekød, hvis han har spist oksekød. Han tvinges til at spise råddent kød, hvis han har spist menneskekød. Helten tvinges til at drikke sprut og bruge psykedeliske stoffer, hvilket tvinger ham til at afsløre sine dybeste hemmeligheder og konfrontere sine skjulte lyster.

Han bliver inviteret til at deltage i ulovlig seksuel aktivitet. Hans guru er hans guide hele vejen igennem, og Kali er hans gud. Foran Kali hjælper guruen eleven med at opdyrke en aggressiv, frygtløs holdning. Kali udfordres af helten til at afsløre sine farligste hemmeligheder. Ved at stå åbent over for Kali forsøger helten at tilegne sig de sandheder, der ligger i hende.

Hvis de ignoreres eller undertrykkes, bliver disse kendsgerninger - at livet lever af døden, at døden er uundgåelig, at tiden slider på tingene, og at sex er den mest grundlæggende og kreative trang hos alle levende væsener - skræmmende. Kali frygtes af dem, der fornægter livets grundlæggende realiteter.

Den helt, der anerkender disse kendsgerninger, er ikke bange for at møde Kali. Et folkeeventyr fra Andhra Pradesh eksemplificerer denne heroiske tilgang: Hun tårnede sig op over palmetræet. Hun spiddede en elefant på hvert af de tolv spyd, hun sendte ud fra sit hoved. Hun stablede tolv kroppe på elefanterne.

På hver krop havde hun tolv lys. Hun havde våben i alle sine tolv hænder. Hun kom ind med klirrende klokker på fødderne og et hoved fuld af gløder. Hun skreg som en tornado. Gnister af ild faldt ned fra himlen og landede på jorden.

Hun udvidede sin mund og blæste hvirvelvinde, mens hun bed tænderne sammen. Efter hende sendte spøgelser høje skrig ud. Katamaraju, helten, forblev fast og frygtløs og vandt hendes respekt og hengivenhed.

Den hengivnes ydmyge skridt.

I holdning og temperament adskiller den hengivnes tilgang til Kali sig markant fra heltens. Som et sårbart barn henvender sig til sin mor, henvender den hengivne sig til Kali. Han har intet andet valg end at henvende sig til hende for at få beskyttelse, varme og støtte, selv om hun er forfærdelig og endda fjendtlig.

Denne hengivne holdning slog rod i 1700-tallets Bengalen, hvor Ramprasad Sen, en af bevægelsens grundlæggere, sagde: "Ligesom et barn klynger sig til sin mor, selv når hun slår ham, må Kali-tilbedere underkaste sig Kali på trods af hendes forfærdelige udseende." Kali er stadig den voldelige, nøgne gudinde, der går gennem krematorier som genstand for hengivenhed og tilbedelse. Hun er det modsatte af en mor.

Hun er hverken attraktiv eller frugtbar, i modsætning til gudinder som Mangala-Gauri, Bimala og Lalita. Hun er en, der tager liv, ikke en, der giver liv. Hun nærer eller plejer ikke; i stedet torturerer og myrder hun. Hendes libido er ukontrolleret, og hendes vold er utæmmet; hun er hverken ydmyg eller mild.

Når en hengiven tiltaler Kali som "mor", indtager han samme holdning som et barn, hvis grundlæggende natur over for sin mor er accept, uanset hvor forfærdelig, ligegyldig eller skræmmende hun måtte være. Den hengivne tillader derefter sig selv at nærme sig og tage de vanskelige realiteter til sig, som Kali afslører, ved at fremsætte den tilsyneladende umulige påstand, at Kali er hans mor.

Den hengivne bliver ligesom helten befriet fra den terror, som disse kendsgerninger påfører dem, der afviser eller ignorerer dem, ved at tage dem til sig. Den hengivne frygter ikke længere død, forringelse eller grimhed på grund af sin hengivenhed.

Når det gælder verdslige ønsker og fornøjelser, er han ikke utilfreds. Han accepterer situationen, som den er.

Han har affundet sig med, at livet er en realitet. Han forstår, at der dømmes ud fra kriterier, som er kunstige. Han byder Kali velkommen og elsker hendes spil, fri af alle normer og befriet af viden.

DEN VISE, SOM MÅ SYNKE eller svømme i sin sandhed.

Den hengivne kommer til Kali følelsesmæssigt, mens vismanden kommer til hende rationelt. Han er forvirret over, hvorfor hun ser ud, som hun gør.

Hvad er betydningen af hendes grusomme udseende?

Frygten undersøges, og der sættes spørgsmålstegn ved den umiddelbare afsky. Han bemærker et bevidst forsøg på i hendes form og tilbedelse at omfavne alt det, som det normale samfund afskyr - uhæmmet sex og vold, mangel på kontrol og en fejring af grimhed og forfald.

I Kalis tilbedelse vendes alle kulturelle normer om: dårlige ting bliver gode, og det ugunstige bliver heldigt. Kalis udsmykning er død og blod, som anses for at være beskidte. Kød og drikke, som er forbudt for "gode" mennesker, er afgørende for hendes hengivenhed.

Anstændige kvinder kan tildække deres krop, binde deres hår, undertrykke deres libido og leve et liv i selvfornægtelse og selvdisciplin, mens Kali danser nøgen og uberørt af omgivelsernes fordømmende blikke.

Kali tvinger personen til at undersøge alle de ting, han eller hun frygter, fortrænger, afviser og undertrykker, ting, der eksisterer uden for menneskeskabte moralske og etiske standarder, ting, der fylder livet med usikkerhed og uro.

Vismanden forstår, at civilisationen er en menneskeskabt konstruktion i naturen, der er skabt, så jungleloven tilsidesættes, og selv de svage har rettigheder. Det handler ikke om den stærkestes overlevelse i kulturen. Pligter og forpligtelser styrer enhver handling.

En ramme er bygget op omkring kriterier, der adskiller det gode fra det forfærdelige, det rigtige fra det forkerte, det acceptable fra det uacceptable og det passende fra det upassende.

Alt, hvad der er godt og acceptabelt, alt, hvad der bidrager til stabilitet og orden, tilegnes af kulturen. Alt, hvad der er ondt, ukorrekt, uønsket og uegnet, alt, hvad der udfordrer følelsen af stabilitet og forudsigelighed, opgives konstant af kulturen.

Kulturen ugyldiggør alt, hvad den afviser over tid. Alt, hvad der er ubehageligt, skubbes ud over tærsklen, ind i underbevidstheden, af standarder.

På grund af frygt, normer og fordomme sidder Kali på kanten af civilisationen og minder os om alle de ting i naturen, der er undertrykt, fortrængt eller fornægtet. Kali fungerer som en påmindelse om kulturens skrøbelighed. Hun er krigens gudinde, og kamp symboliserer udslettelsen af alt det, som civilisationen forsøger at bevare. Hun er dødens gudinde, og døden symboliserer sammenbruddet af de kulturelle barrierer, der skal holde forurenende og nedbrydende ting ude.

Hun er gudinden, der er nøgen, og hendes nøgenhed symboliserer nedbrydningen af den blufærdighed, som samfundet så desperat forsøger at påtvinge. Kali er gudinden, der træder på sin mand, hvilket sætter patriarkalske idealer på prøve i de fleste kulturer.

Forestillingen om, at Devi tager blod, lukker ifølge vismanden den cirkel, der begynder, når Devi giver mælk. Resultatet er, at billedet af den morderiske Kali står i kontrast til billedet af den mælkedrikkende Gauri, deviens moderlige form.

Livscyklussen består af dem alle. Intet i naturen sker tilfældigt. Alt er resultatet af en anden metamorfose.

Ifølge Tantra omdanner planter mineralessens til saft, som efterfølgende spises som næring af dyr og mennesker. Saften omdannes til plasma, væv, knogler, nerver, sæd og blod i dyrenes og menneskenes kroppe.

Resultatet er, at alt i naturen er forskellige manifestationer af den samme essens.

Dakshina-Kali, som betyder "Kali fra syd", er en populær type Kali. Syd er ifølge Vastu Shastra dødens og forandringens retning og derfor kilden til usikkerhed, uro, utryghed og frygt.

Shiva i skikkelse af Dakshina-murti, en lærer, der sidder under et banyantræ mod syd, vender mod syd. Shiva er som lærer en kilde til viden, mens banyan-træet er et gammelt symbol på stabilitet. Shivas gyan (viden) beroliger vismandens sind, så han kan vende sig mod syd og forvandle Kali fra en kilde til terror til en kilde til glæde.

KALI, VORES INDRE REFLEKSION

Spejlet for vores indre tilstand er Kali. Mange i den moderne verden opfatter guddommelighed som denne endeløse kilde af godhed. De tænker på hellighed og englehimle i utallige former. De måler guddommelighed ud fra deres verdslige moralske standarder og deres idealer om renhed. Jeg bebrejder dem ikke, for de afspejler blot den teologiske og religiøse programmering, som de er blevet fodret med siden barndommen. I årenes løb opbygges lag på lag i de frø, der er blevet sået, og alligevel kan mange af dem, jeg har mødt rundt omkring i verden, som voksne ikke finde overbevisning i deres egen livslange tro. Næsten som om disse frø på en eller anden måde ikke har slået rod i sjælens indre mørke på trods af mange års forstillelse.

Før jeg sammensatte dette værk, indså jeg, at mange har skrevet om den store gudinde, men jeg kunne ikke finde det, jeg først så som barn og senere som ung mand, i mange af deres ord. Den manglende resonans i disse værker var en oplevelse, som ikke generede mig. Det satte i stedet spørgsmålstegn ved min tro på gudinden. Måske tager jeg fejl, når jeg tror, at jeg kender gudinden, og at gudinden kender mig. Måske er min viden om hende uvidenhed, ikke certificeret eller pakket og autoriseret af nogen stor videnskabelig menneskelig virksomhed eller institutioner, du kan komme i tanke om.

Det fik mig til at tænke på, om gudinden også er uvidende om mig. Min tanke var, at det, du hævder at kende, måske ikke kender dig, men det, du virkelig kender, vil kende dig. En kosmisk bevidsthedsdans mellem mig og Kali var, hvad jeg havde antaget. Hvordan kunne jeg sætte spørgsmålstegn ved min egen bevidsthed, når den er så tæt forbundet med hendes bevidsthed om mig?

Jeg begyndte i stedet at tvivle på tomheden i de ord, som jeg håbede ville vise mig hende. For ord kan ikke beskrive det, der er ubeskriveligt, mørkt og alligevel guddommeligt.

Kali er den vigtigste yogagudinde; hun er Kriya Shakti, yogakraften eller den underliggende yoga Shakti. Hun er den kraft, der trækker vores energi indefra og får os til at miste interessen for verdslige forhold og søge det evige. Hun repræsenterer sjælens elektriske bevægelse mod guddommelighed. Når vi lader vores ego træde tilbage, er hun det guddommeliges stemme, der giver ekko inden i os. Kraften bag den store bevidsthedsstrøm er Kali.

Den store Prana, eller kosmiske livskraft, er kendt som Kali eller Mahaprana. Hun står for det mest grundlæggende menneskelige ønske om at leve for evigt og aldrig dø. Dette grundlæggende ønske om udødelighed er ikke bare et fantasifoster eller et tegn på vores hovmod; det er snarere sjælens del af det evige, Sat, eller det rene væsen, som reflekteres tilbage i skabelsen.

I sin søgen efter den ultimative, uforfalskede og evige lyksalighed - det vil sige tilstedeværelsen af Shiva, det evige væsen og den evige bevidsthed, der er skjult i alt liv - står Kali for den mest grundlæggende længsel, som er at elske alt og blive ét med alt. Kalis stigende energi, som er skjult selv i almindelige ønsker, skal skubbe os ud over vores komfortzoner, gøre os utilfredse med det, vi har, og inspirere os til at søge noget mere vidunderligt og dejligt for at overskride eksistensen.

Hendes beslutsomhed skaber det afgørende øjeblik af åndelig oplysning, hvor vi forstår, at ægte nydelse kun kan søges indeni og ikke udenfor. Hun omdirigerer derefter vores liv som en åndelig pilgrimsrejse til den evige flamme, skabelsens centrum og vores indre kilde.

Vores energier bliver omdirigeret til vores hjerter og centrum af vores væsen af Kalis Shakti. Med Kalis energi bliver den normale skabelsesproces vendt om. Hendes kraft er evnen til at kombinere ild og luft, vand og jord, æter og sind samt ren bevidsthed og ild og luft. Hun reintegrerer verden i vores mest fundamentale selv og væren og bringer os tilbage fra de mange til den ene.

Kalis energi ligner en dødssimulering. Hun hjælper os med at vende os indad til det indre hjerte og væk fra de ydre tanker, følelser og sanser. Kali er den vigtigste gudinde for Jnana, eller selvindsigt, i denne forstand. Hun bringer os tilbage til hjertet, stedet for Selvet, hvor alle vores oplevelser er forenet. Nirvana Shakti, den kraft, der fører os til nirvana eller disintegration, er Kali. Hun er vores indre Nirvanas uimodståelige tiltrækningskraft.

Ifølge Patanjalis traditionelle forståelse af yoga, som findes i Yoga Sutras, er Kali Nirodha Shakti, den kraft, der giver evnen til at opløse mentale forstyrrelser eller chitta. Alle mentale og pranaiske aktiviteter kontrolleres, negeres, beherskes og opløses af hendes kraft i den ubegrænsede stille fred i Purusha inde i hjertet.

Det bringer tankerne hen på erfaringerne hos den berømte Kali-tilhænger Paramahansa Ramakrishna. Ramakrishna funderede over Selvet inde i hjertet for at realisere det, efter at han havde forstået betydningen af Vedantas selverkendelse fra sin mester Tota Puri. Og med det dukkede billedet af Kali op. Han opdagede, at for at overvinde sin forbindelse til hende, måtte han bruge visdommens sværd til at fjerne hendes form. Men i sidste ende måtte han erkende, at Kalis sværd var visdommens sværd. For at undervise os præsenterer hun en form, men tager den så af for at vise os sin formløse eksistens som ren bevidsthed.

EGOET OG KALI

Da det afholder os fra at se, hvem vi virkelig er, og fra at etablere forbindelser til det åndelige og guddommelige, betragtes egoet nogle gange som en barriere for åndelig udvikling. Men da det kan hjælpe med at opdage sig selv og udvikle selvbeherskelse, kan egoet også være et nyttigt redskab og et godt sted at starte på vejen mod åndelig vækst.

Den del af sindet, der identificerer sig med den fysiske krop og omverdenen, kaldes egoet. Denne mentale region er ansvarlig for idéerne om, at "jeg er min krop", "jeg er mine tanker" og "jeg er mine følelser". Vores følelse af at være betydningsfuld og vores behov for kontrol er også produkter af egoet, som er en mental enhed.

Der er flere måder at se egoet på som en barriere for åndelig udvikling. For det første afholder egoet os fra at indse, hvem vi virkelig er. Egoet forleder os til at tro, at vi er isoleret fra resten af kosmos. Det er den guddommelige gnist, der er inde i os alle, ikke egoet, der er vores egentlige essens. For det andet forhindrer egoet os i at have en spirituel forbindelse. Egoet holder aldrig op med at tale og fortælle os, hvad vi skal tro og gøre. Vi kan ikke høre det guddommeliges stille stemme inde i os på grund af denne uophørlige støj. For det tredje stammer vores tilknytninger fra egoet. Vi er knyttet til vores fysiske selv og til vores ideer, følelser og ejendele. Grunden til, at vi lider, er disse tilknytninger.

Men egoet kan også være et nyttigt instrument til at fremme ens spiritualitet. Til at begynde med kan egoet lære os noget om os selv. Vi får regelmæssigt input om vores ideer, følelser og handlinger fra egoet. Vi kan blive mere bevidste om vores fordele og ulemper ved at lytte til dette input. For det andet kan egoet hjælpe os med at vokse som udøvere af selvbeherskelse. Den mentale del af egoet har ansvaret for vores viljestyrke. Vi kan lære at regulere vores ideer, følelser og handlinger ved at mestre egoet. For det tredje kan egoet lette vores spirituelle udvikling. Vi skaber plads til, at det guddommelige kan komme, når vi lærer at beherske vores ego.

Kali og det menneskelige ego danser med hinanden i en destruktiv og kreativ dans. Vores illusioner og bindinger ødelægges af egoet, og denne åbning gør det muligt for det guddommelige at komme ind.

Kali er en gudinde, der skal æres og omfavnes i stedet for at frygtes. Vi kan acceptere vores egen styrke og potentiale ved at omfavne Kali. Vi kan også lære at genkende vores ægte selv og give slip på vores bindinger.

Her følger nogle særlige forbindelser mellem Kali og det menneskelige ego:

Vores frygt stammer fra egoet. Frygtløshed symboliseres af Kali, som kan hjælpe os med at se vores angst i øjnene og overvinde den. Oprindelsen til vores forbindelse er egoet. Som symbol på løsrivelse kan Kali hjælpe os med at give slip på vores bindinger og øve os i at leve i nuet. Vores uvidenhed stammer fra egoet. Som symbol på visdom kan Kali hjælpe os med at se virkeligheden i både omverdenen og os selv.

Gennem en proces med selvransagelse, accept og forandring kan tilbedelse af den voldsomme og destruktive hinduistiske gudinde Kali hjælpe med at udslette egoet og genføde sjælen.

Kalis tilbedere tvinges af hendes voldsomme og ubøjelige karakter til at se deres indre mørke, deres skyggeselv og de værste sider af deres identitet i øjnene. Folk kan starte processen med at give slip på ego-tilknytninger, destruktive rutiner og begrænsende overbevisninger ved at genkende og forstå disse elementer.

Kalis destruktive element repræsenterer sammenbruddet af illusioner, som f.eks. illusionen om adskilthed og permanens. At acceptere Kalis ødelæggende kraft hjælper mennesker med at se, at alt er forgængeligt, selv deres egne kroppe og egodrevne ambitioner. Åndelig udvikling og frigørclse muliggøres af denne accept.

Kali har evnen til at ødelægge ting, der ikke længere er nødvendige, for at skabe plads til nye begyndelser, hvilket er hendes transformerende kraft. Mennesker kan frigøre sig fra egobaserede vaner og handlinger og afsløre deres egentlige selv ved at give efter for Kalis transformerende kraft. Spirituel opvågning, empowerment og en følelse af frigørelse er mulige resultater af denne proces.

Særlige måder, hvorpå tilbedelse af gudinden Kali kan hjælpe med sjælens genfødsel og egoets ødelæggelse:

At påtage sig skygger og frygt: Folk kan overvinde deres angst og usikkerhed og omfavne deres indre kraft ved at se deres bekymringer og usikkerhed i øjnene i lyset af Kalis skræmmende blik.

Frigørelse af tilknytninger: Kalis destruktive kraft kan repræsentere det at give slip på bindinger til ting, ønsker og egoistiske mål, så folk kan koncentrere sig om deres indre ro og åndelige udvikling.

Accept af forandring og transformation: Den evige cyklus af skabelse, bevarelse og ødelæggelse symboliseres af Kalis cykliske natur. At acceptere denne cyklus kan hjælpe folk med at acceptere forandring og transformation - både i deres eget liv og i det miljø, de lever i.

Etablering af en spirituel forbindelse og frigørelse af individuelt potentiale: Kalis tilknytning til det guddommeligt feminine kan hjælpe folk med at opdage deres egen indre styrke og potentiale.

At søge visdom og vejledning: Kalis konnotation med visdom og viden kan lede folk mod åndelig oplysning og selvbevidsthed.

VOLDSOMME FORMER FOR KALI

Gudinden Kali er kendt for sine mange voldsomme skikkelser, som hver især symboliserer en bestemt facet af hendes destruktive magt. Her følger nogle af Kalis mere velkendte rasende former:

Mahakali: Den hinduistiske gudinde Kali i sin højeste form, ofte omtalt som Kali den Store eller Mahakali. Hun står for den højeste kraft i det guddommelige feminine og er ødelæggeren af uvidenhed og ondskab. Ofte vises hun med 10 lemmer, ti hoveder og en skarlagenrød hudfarve. Hun er bevæbnet med mange forskellige våben, f.eks. en kraniekop, en trefork og et sværd. Hun rejser ofte sammen med sin elsker, Bhairava.

Mahakali er knyttet til den del af det hellige feminine, som er destruktiv. Hun er den, der nedbryder ego, bindinger og illusioner. Hun er en mor, som er venlig og vagtsom, men hun kan også være en voldelig og skræmmende guddom. Hun er den, der har magten til at gøre en ende på vores elendighed og lede os mod frihed.

I shaktismen, en gren af hinduismen, der lægger vægt på det guddommeligt feminine, er Mahakali en fremtrædende guddom. Hinduer fra alle traditioner ærer hende også. Hun er en stærk og mangefacetteret gudinde, som har givet anledning til mange religiøse og filosofiske diskussioner.

Her følger nogle af de primære symboler og fortolkninger i forbindelse med Mahakali:

10 arme: Mahakalis 10 arme står for hendes ti evner. Skabelse, bevarelse, ødelæggelse, illusion, viden, løsrivelse, medfølelse, sikkerhed og frigørelse er nogle af disse evner.

10 hoveder: Mahakalis 10 hoveder står for hendes ti visdomme. Visdommen om skabelse, bevarelse, ødelæggelse, illusion, viden, løsrivelse, medfølelse, sikkerhed og frihed er blandt disse visdomme.

Blodrød hudfarve: Mahakalis blodrøde hud er et symbol på hendes magt og hendes forbindelse til ødelæggelse. Den symboliserer også den vitalitet, der udgår fra hende.

Sværd: Mahakalis sværd symboliserer hendes evne til at bryde bindinger og vrangforestillinger. Det symboliserer også hendes evne til at besejre det onde.

Trefork: Treforken, som Mahakali svinger, symboliserer hendes autoritet over de materielle, mentale og åndelige riger.

Kraniekoppen: Mahakalis greb om kraniekoppen symboliserer hendes kontrol over genfødsel og død. Det står også for altings forgængelighed og egoets tomhed.

DHUMAVATI: DHUMAVATI er en af de ti hinduistiske tantriske guddomme kendt som Mahavidyas. Hun står for den skræmmende side af Mahadevi, den største guddom i hinduismen og beslægtede religioner. Hun afbildes ofte som en ældre, grim enke og forbindes med hinduistiske symboler og begivenheder, der er uheldige eller grimme, såsom Chaturmasya-perioden og kragen. På en kirkegård vises gudinden normalt ridende på en krage eller bærende på en kurv på toppen af en vogn uden heste.

Dhumavati er forbundet med tanken om, at planeten vil brænde til det punkt, hvor der kun er røg, eller dhuma, tilbage af asken. Hun står for tidens eroderende kraft, som frarøver os vores egen unge kraft og energi, vores kære og alt andet, der bidrager til vores skrøbelige lykke. Hun siges ofte at være godhjertet og en velsignelsesgiver. Det siges om

Dhumavati, at hun er en stor lærer, som afslører den ultimative visdom i kosmos, som overskrider de falske skel mellem heldige og uheldige ting. Hendes frastødende udseende instruerer den hengivne i at se ud over de ydre manifestationer og indad og søge efter livets grundlæggende sandheder. Ifølge legenden giver Dhumavati siddhis eller overnaturlige evner og er den, der giver alle ønsker og belønninger, såsom frelse og ultimativ viden. Det anbefales også at tilbede hende, hvis man ønsker at besejre sine modstandere.

Her følger nogle af de vigtigste Dhumavati-symboler og -betydninger:

Gammel, grim enke: Dhumavatis skikkelse symboliserer universets undergang og udslettelsen af alt, hvad der er dejligt og behageligt. Den står også for altings forgængelighed, inklusive vores egne kroppe og hjerner.

Krage: Kragen repræsenterer forringelse og død. Den symboliserer det aspekt af os selv, der trives med ugunstige følelser og ideer, og den er også en ådselæder.

Den hinduistiske kalenders Chaturmasya-periode, som varer fire måneder, ses som en uheldig tid. Det er en sæson for refleksion og åndelig udvikling.

Ideen om den hesteløse vogn er en metafor for sindets utæmmede natur. Den står også for tanken om, at skæbnen ikke er noget, vi kan kontrollere.

En kurv til at vinde: Symbolet på adskillelse er en kurv. Den står for opdelingen af det gode fra det dårlige, det rene fra det urene og avnerne fra hveden.

Kremeringssted: Genfødsel og død symboliseres af kremeringssteder. Det står for ideen om, at alt, hvad der fødes, skal dø på et tidspunkt.

DEN FRYGTINDGYDENDE gudinde Bhairavi portrætteres ofte som en vild kriger, der svinger med et sværd og en kraniekop. Hun kan hjælpe os med at overvinde vores bekymringer og udfordringer, da hun symboliserer den guddommelige kvindes evne til både at beskytte og ødelægge.

Ti hinduistiske tantriske gudinder udgør Mahavidyas, hvoraf Bhairavi er den femte. Hun symboliserer den guddommelige kvindes evne til både at beskytte og ødelægge. Hun er det voldsomme og skræmmende element i gudinden. En almindelig repræsentation af hende er en fantastisk dame med 10 lemmer, ti hoveder og en blodrød hudfarve. Hun er bevæbnet med mange forskellige våben, f.eks. en kraniekop, en trefork og et sværd. Hun rejser ofte sammen med sin elsker, Bhairava.

Bhairavi er forbundet med den guddommelige, feminine transformationskraft. Hun nedbryder ego, bindinger og illusioner. Hun er en mor, der er venlig og vagtsom, men hun kan også være en voldelig og skræmmende guddom. Hun er den, der har magten til at gøre en ende på vores elendighed og lede os mod frihed.

I Shaktism, en hinduistisk religion, der lægger vægt på det guddommelige feminine, er Bhairavi en velkendt gudinde. Hinduer fra alle traditioner ærer hende også. Hun er en stærk og mangefacetteret gudinde, som har givet anledning til mange religiøse og filosofiske diskussioner.

Her følger nogle vigtige symboler og betydninger i forbindelse med Bhairavi:

10 arme: Bhairavis 10 arme står for hendes ti evner. Skabelse, bevarelse, ødelæggelse, illusion, viden, løsrivelse, medfølelse, sikkerhed og frigørelse er nogle af disse evner.

10 hoveder: Bhairavis 10 hoveder står for hendes ti visdomme. Visdommen om skabelse, bevarelse, ødelæggelse, illusion, viden, løsrivelse, medfølelse, sikkerhed og frihed er blandt disse visdomme.

Blodrød hudfarve: Bhairavis blodrøde hud er et symbol på hendes magt og hendes forbindelse til ødelæggelse. Den symboliserer også den vitalitet, der udgår fra hende.

Sværd: Bhairavis sværd er et symbol på hendes evne til at bryde bånd og vrangforestillinger. Det symboliserer også hendes evne til at besejre det onde.

Trefork: Treforken, som Bhairavi svinger, symboliserer hendes autoritet over de materielle, mentale og åndelige riger.

Kraniekop: Bhairavi holder en kraniekop, som symboliserer hendes magt over genfødsel og død. Det står også for altings forgængelighed og egoets tomhed.

CHINNAMASTA: I HINDUISTISKE tantriske traditioner er Chinnamasta, også kaldet Chhinnamastika, en af de ti Mahavidyas, en gruppe af stærke gudinder. Hun er en rasende og stærk gudinde, som er forbundet med frigørelse, skabelse og ødelæggelse. Hun afbildes ofte som en selvdestruktiv gudinde, der holder et sværd i den ene hånd og sit eget afhuggede hoved i den anden. Desuden ses hun nogle gange ridende på en tiger eller løve. Kamaratha og Kamabala, hendes to tjenere, er der som regel også.

Chinnamasta er et symbol på ideen om, at alt, hvad der produceres, i sidste ende skal ødelægges, og er forbundet med kosmos' cykliske kredsløb. Hun står også for evnen til at ofre sig selv og viljen til at give slip på ønsker og bindinger for at finde frihed.

På grund af hendes kompleksitet og manglende forståelse frygter de, der ikke er klar over Chinnamastas egentlige natur, hende ofte. Hun kan dog være en stærk allieret for alle, der stræber efter åndelig udvikling og frigørelse, da hun også er en venlig og omsorgsfuld guddom.

Her er nogle af de vigtigste symboler og fortolkninger i forbindelse med Chinnamasta:

Selvafhugning: Chinnamastas handling med at halshugge sig selv symboliserer processen med at kappe vores bånd og ego. Det står også for afviklingen af vores vrangforestillinger og opdagelsen af vores egen natur.

Sværd: Chinnamastas sværd er et symbol på hendes evne til at bryde bånd og vrangforestillinger. Det symboliserer også hendes evne til at besejre det onde.

Kraniekop: Chinnamasta holder en kraniekop, som symboliserer hendes magt over genfødsel og død. Det står også for altings forgængelighed og egoets tomhed.

Disse to personer er Kamaratha og Kamabala, som er Chinnamastas ledsagere. De står for både det feminine og det maskuline aspekt af begæret.

Løve eller tiger: Chinnamasta rider på en løve eller tiger for at symbolisere hendes autoritet og herredømme over den naturlige verden.

TARA: FRELSENS GUDINDE, ofte afbildet som en ung kvinde på en løve. Hun er et symbol på empati, viden og lindring af smerte.

I det buddhistiske panteon er Tara en af de mest ærværdige og tilbedte guddomme. Hun kaldes "Frelseren" eller "Befrieren" og afbildes ofte som en smuk kvinde, der sidder på en lotusblomst med en hvid utpala-blomst i højre hånd og en blå lotusblomst i venstre. Hun afbildes nogle gange med et sværd og et skjold, som symboliserer hendes evne til at forsvare sine tilhængere mod angreb.

Tara betragtes som den personificerede visdom og medfølelse. Det siges, at hun har evnen til at høre alle væseners bønner og give dem, hvad de har brug for for at blive befriet for smerte. Hun ses også som en stærk vogter, der er i stand til at redde sine tilhængere fra enhver fare, hvad enten den er materiel eller åndelig.

Inden for både Mahayana- og Vajrayana-buddhismen er Tara en vellidt guddom. Hun er især æret i Tibet, hvor hun betragtes som nationens skytshelgen. Derudover er hun højt æret i Kina, Korea og Japan.

Tara findes i et væld af former, hver med sin egen tydelige betydning og symbolik. Blandt de mest kendte manifestationer af Tara er:

Grøn Tara: Grøn Tara er kendt for sin medfølelse og aktivitet og er den mest anerkendte version af Tara. Hun ses ofte med sin højre fod udstrakt, hvilket betyder, at hun er villig til at hjælpe andre.

Hvid Tara: Hvid Tara forbindes med fred, renhed og et langt liv. Syv øjne er et almindeligt symbol, der bruges til at repræsentere hendes alvidenhed.

Rød Tara: Rød Tara er forbundet med styrke og forsvar. Hun afbildes nogle gange med et vildt blik og en krone af kranier, som symboliserer hendes sejr over uvidenhed og frygt.

Black Tara: Black Tara er forbundet med både forandring og ødelæggelse. Hendes sorte hudfarve og dødningehoved bruges ofte til at repræsentere hende, hvilket betyder, at hun er i stand til at eliminere negativitet og forvandle den til noget konstruktivt.

Tripurasundari: Den højeste gudinde i Srikula-skolen af Shaktism, en gren af hinduismen, der lægger vægt på det guddommelige feminine, kaldes også Lalita Rajarajeshvari og Shodashi. Hun siges at repræsentere Adi Parashakti, den oprindelige gudinde, som er kilden til alle andre gudinder. Hun vises ofte som en smuk ung kvinde med tre øjne, som står for hendes intelligens og erfaring. På andre afbildninger ses hun også med 18 arme, der svinger en række våben og symboler for at symbolisere hendes magt og autoritet.

Begreberne skabelse, bevarelse og ødelæggelse er forbundet med Tripurasundari. Hun er skønhedens, rigdommens og kærlighedens gudinde. Hun er også gudinde for visdom, oplysning og viden. Hun ødelægger sine tilhængeres modstandere og beskytter dem, der følger hende.

Gudinden Tripurasundari er en mangfoldig og indviklet figur, som har været genstand for mange religiøse og filosofiske diskussioner. Hun er en velkendt gudinde inden for shaktismen, og hinduer med mange forskellige baggrunde ærer hende også.

HER FØLGER NOGLE AF de vigtigste Tripurasundari-symboler og -betydninger:

En trio af øjne: Tripurasundaris tre øjne står for hendes visdom og forståelse. De repræsenterer hendes evne til at se ind i fremtiden, fortiden og nutiden. De repræsenterer også hendes evne til at se ud over verdens uvidenhed og maya, eller illusion.

Atten arme: Tripurasundaris atten arme står for hendes magt og suverænitet. De bærer et udvalg af våben og emblemer, som hver især har en særlig betydning. Sværdet, løkken, bue og pil, lotusblomsten og konkylien er nogle af de mest anvendte våben og symboler.

Sri Chakra: Det mest betydningsfulde Tripurasundari-emblem er Sri Chakra. Det er en yantra, et geometrisk design, der bruges i andagt og meditation. Sri Chakra er et potent instrument til åndelig udvikling og forandring, og det formodes at symbolisere hele kosmos.

OPRØRETS GUDINDE

Kali som oprørets ånd og sjæl.

Se bare på det arabiske forår i 2011, hvor kraften i de offentlige protester i Tunesien, Egypten, Libyen og Syrien spredte sig over hele Mellemøsten.

Durga giver styrke til at igangsætte og opmuntre til forandring, mens Kali har magt til at feje eksisterende systemer væk.

Når hendes energi kanaliseres via en gruppe eller et land, har den magt til at vælte diktatorer, få Berlinmuren til at falde og nedsmelte finansmarkedet på en måde, så vi bliver målløse.

Men impulsen til at bygge noget nyt kan kun komme fra den store frihed, der er tilbage, efter at tidligere strukturer er blevet revet ned.

Desuden kan du stole på, at Kali viser dig, hvad der er ubrydeligt, både i dig og i dine omgivelser, mens hun er på arbejde. Det gør hun ved at udhule alt i dig undtagen det uforgængelige. Det er derfor, vi har brug for hendes hjælp.

Du forstår ikke kærlighed, før du har oplevet dybden og vildskaben i Kalis kærlighed, som efter min mening er universets mest kraftfulde kærligheds- og nydelseskraft.

Kali har mange elskere, herunder oplyste udøvere som siddhaen Ramakrishna fra det nittende århundrede og moderne helgener som Ma Amritananda, som kender hendes hemmelighed.

Det er en hemmelighed, som du kun vil opdage, hvis du lader hende nedbryde dine beskyttende barrierer. For at forstå hendes gaver må du underkaste dig hendes vildskab på en eller anden måde.

Når vi tillader os selv at give slip på vores egoistiske mål, følger som regel den dybeste oplevelse af Kalis kærlighed. Dybden af hendes omsorg afsløres, når hun tørrer et lag af egoet væk.

KALIS HISTORIE ER BLEVET fortalt mange gange gennem tiderne. De har vist hende på flere forskellige måder. I nogles øjne er hun legemliggørelsen af guddommelig vrede. Andre ser hende som universets ultimative beskytter, som guderne henvender sig til, når alle andre muligheder er slået fejl. Hun er en guddom, der kræver menneskeofre.

Hun er indbegrebet af universets vilde og utæmmede natur. Selv Gud ville være død og inaktiv uden hende. Mens Kalis særskilte identitet i gudernes og gudindernes panteon er etableret i visse fortællinger, er hun blot et udtryk, der bruges til at henvise til den feminine guddom i andre.

Med andre ord er der i visse fortællinger en klar forbindelse mellem fortællingen og hendes karakteristiske form, mens fortællingen i andre fortællinger er fuldstændig ligeglad med hendes form. Guddommelig vrede vises.

Kali fremstår som personificeringen af Durgas vrede, når hun mister besindelsen i Devi Mahatmya, som er en af de ældste fortællinger, hvor hun spiller en stor rolle.

Guderne mødtes engang ved Ganges bredder for at påkalde Devi og bede om hendes hjælp til at besejre to dæmoner ved navn Shumbha og Nishumbha. Deres bøn blev hørt af Parvati, eneboerguden Shivas kone, som tilfældigvis kom forbi.

Hendes fysik blev forvandlet til en gudinde på et øjeblik. Kaushiki var hendes navn, da hun kom ud af koshaerne eller cellerne i Parvatis krop. Hun blev også kaldt Chandika, fordi hun lignede en kriger i modsætning til den blide og huslige Parvati.

Chandikas skønhed gav hende kælenavnene Lalita og Vimala. Shumbha og Nishumbha hørte om hendes skønhed. Dæmonerne sendte hende et frieri i håb om at gøre hende til deres dronning.

Til deres forbløffelse sagde hun: "Kun den fyr, der slår mig i kamp, vil jeg tage til ægtemand." Shumbha og Nishumbha blev rasende over Chanda og Mundas åbne udfordring og beordrede dem til at føre Chandika til dem med magt. Hvis hun gør modstand, så bind hende og træk hende i håret," sagde de. Chanda og Munda samlede en hær og tog til Meru-bjerget for at finde Chandika.

Hun sad på toppen af en løve med et smil på læben. Chandikas ansigt blev mørkt af raseri ved synet af dæmonerne, og Kali brød frem fra hendes mørke pande - mørk, udmagret, med blodsprængte øjne, skarpe hugtænder og en slatten tunge.

Hun udstødte et kampråb og styrtede mod Chanda og Munda. Dæmonhæren gjorde deres buer klar, men Kali var over dem, før de kunne nå at affyre en eneste pil. Hun knuste deres buer, smed deres vogne væk og spiste deres elefanter.

Omkring Chanda og Munda var der kaos. Kali parterede et par dæmoner med sine egne hænder og bed andre levende med sine tænder, så hun fik tilnavnet Raktadantika, den rødtandede. Hun trampede de andre ned under sine fødder.

Endelig mødte Kali Chanda og Munda ansigt til ansigt. Hun dræbte dem begge med et enkelt slag af sit sværd. Hun gav deres hoveder til Chandika, som proklamerede, at Kali ville blive kendt som Chamunda som Chandas og Mundas morder. Chandika besejrede til sidst Shumbha og Nishumbha og genskabte orden i universet efter en lang kamp.

Guderne skrev sangen Chandi-patha, som betyder "kald på krigergudinden", for at fejre deres triumf. I Skanda Purana, som blev skrevet i det 11. århundrede, dukker Kali, som personificerer vrede, op som alter ego for den smukke bjergprinsesse Parvati, som er gift med asketguden Shiva.

Daksha var Brahmas søn og den vediske livsforms ultimative patriark. Han havde giftet sine døtre bort til devaer, vediske guder, som bor i de himmelske riger. Sati, hans yngste datter, gjorde ham vred ved at afvise den deva, der var blevet udvalgt til hende, og gifte sig med Shiva i stedet.

Shiva var en ensom asket, som funderede over Himalayas snedækkede tinder. Han havde ikke meget til overs for de vediske traditioner, og han tog ikke hensyn til yagna-ritualet eller dets hovedsponsor, Daksha. Daksha blev rasende over Shivas modvilje mod at behandle ham med ærbødighed, så han planlagde at iscenesætte en stor yagna.

Alle devaerne blev bedt om at tage del i ofringerne, men Shiva var ikke med. Sati blev rasende, da hun hørte det. Hun besluttede sig for at gå uanmeldt hjem til sin far og kræve en forklaring.

Shiva forsøgte at overtale hende til noget andet, men hun nægtede at lytte. Da han forsøgte at holde hende tilbage med magt, tørrede hun sig om næsen i raseri og hældte 10 vrede former - Maha-Vidyas - ud i de ti retninger, hvoraf den første var Kali. Sati kunne deltage i begivenheden, fordi Shiva var bange.

Den samme historie findes i Shiva Purana, som blev skrevet mindst seks århundreder før Skanda Purana.

Men Kali er en manifestation af Shivas vrede, ikke Satis. I protest mod Shivas udelukkelse fra yagnaen stormede Sati ind i sin fars hjem og ofrede sig selv i den hellige pavillon. Daksha genoptog derimod ritualet.

Shiva blev så rasende, da han hørte om Satis død og Dakshas apati, at han trak et hårstrå af ham og smadrede det på jorden, så der blev dannet en hær af dæmoniske væsener med den voldsomt udseende kriger Virabhadra og hans lige så frygtelige partner, gudinden Bhadra-Kali, i spidsen. Virabhadra og Bhadra-Kali styrtede ind i Dakshas hjem med det formål at sabotere ceremonien.

De sparkede til hellige genstande, spyttede på offergaver, overfaldt de forsamlede gæster, skræmte guderne væk og dræbte til sidst Daksha. Landsbygudinder eller gramadevis, som ofte tiltales eller forestilles som Kali, findes i overflod på landet i Indien.

Den tragedie, der rammer en kvinde fra landet, som efterfølgende forvandler sig til en gudinde, nævnes ofte i sange og fortællinger om disse guddomme. Det fremgår af disse historier, at grama-devis repræsenterer feminin utilfredshed og hjælpeløshed.

Denne undertrykte vrede forfølger samfundets kollektive psyke i form af den frygtindgydende Kali, der søger forsoning og hævn. Cilappatikaram, et tamilsk epos fra det femte århundrede, er det ældste kendte eksempel på denne genre. Kannagis mand, Kovalan, der var handelsmand, spildte familiens formue på den prostituerede Madhavi. Bortset fra hans kærlige kone forlod alle ham i nødens stund.

Da han indså sin fejl, valgte han at tage til Madurai og begynde et nyt liv. Kannagi gik med til at lade Kovalan sælge en af sine guldankelkæder for at hjælpe ham med at tjene penge til sin nye forretning. Desværre lignede guldankelkæden dronningen af Madurais ankelkæde, og skruppelløse guldsmede beskyldte Kovalan for at have stjålet den. Uden at tjekke fakta beordrede monarken, at Kovalan skulle spiddes til døde. Kannagi var knust, da hun hørte om Kovalans død.

Så kom vreden, som fulgte efter tristheden. Med den anden ankelkæde marcherede hun ind i kongens hof og krævede retfærdighed. Kongen undskyldte, men Kannagi kunne ikke finde tilgivelse i sit hjerte. Enkens vrede var så intens, at hun fjernede sine bryster og kastede dem ud på byens torv.

Metropolen brød ud i flammer på et øjeblik. Alle de mennesker, der boede der, inklusive guldsmedene og monarken, blev brændt ihjel. Kannagi sprang ud af asken som gudinden Pattini, den kyske. Pattini æres som en slags Bhadra-Kali i områder af Tamil Nadu, Kerala og endda Sri Lanka.

Gudindens voldsomme udseende siges at være en afspejling af hendes retfærdige vrede. Mari-Amma eller MariAi er det navn, man giver grama-devi i forskellige områder af Indien. Hun siges at være en lokal inkarnation af Maha-Kali, som ankom, da hun fandt ud af, at hendes ægtefælle havde forrådt hende.

Følgende historie er et almindeligt folkeeventyr i Andhra Pradesh og Karnataka. Der var engang en dame, datter af en brahmin, som troede, at hun havde giftet sig med en veluddannet brahmin-lærd. "Det er længe siden, vi har spist kød," hørte hun en dag hans mor sige. Hun genkendte straks sin ægtefælle som en lavkaste-kødspiser, ikke en brahmin.

Hun blev til Maha-Kali, rasende over at være blevet bedraget. Hun halshuggede sin mand og satte ild til sit hjem, hvor hun dræbte sin svigermor, sine børn og sig selv.

Maha-Kali er det gujaratiske navn for Bahucharji Mata, hijraernes og eunukkernes gudinde, som overvåger deres kastrationsproces. Hun ser ud til at ride på en hane. Hendes historie beskriver hendes vrede over at opdage, at hendes ægtefælle ikke er i stand til at opfylde hendes scksuelle behov.

KALI, DEN ÅNDELIGE BEFRIER

Vi kommer aldrig ned til vores essens, til den tilsyneladende tomhed, der alene kan afsløre vores egentlige størrelse, og hvorfra ægte kreativitet opstår, medmindre hun insisterer på at smelte os helt ind til benet. Det er ikke nok at have respekt for den vidunderlige forestilling om, at vi er en forklædt Gud.

For virkelig at forstå det, for at være det, skal vi være klar til at dykke ned i og give afkald på vores eget mørke, vores dunkle motiver, vores indbyggede indsnævring og vores tilbøjelighed til at forbinde os med det falske selv. Kali er instruktøren i dette tilfælde.

Hendes begejstring for det grundlæggende selvundersøgelsesspørgsmål "Hvem er jeg?" kan forvandle spørgsmålet til et sværd, der skærer betingede overbevisninger, falske forestillinger og alt andet væk, som forhindrer dig i at realisere dit ubetingede selv. Kali vil slikke de skarpe kanter af dine karmas op, mens hun rydder op i dine mørke lommer, bringer dine skygger frem i lyset og reducerer alle dine undskyldninger til aske, hvis du tillader hende det. Hvis det virker dramatisk, er det fordi, det er det. (Kali er ikke bange for at være teatralsk!)

Kali afbildes i Devi Mahatmya som den ultimative befrier, der sendes ud for at redde en situation, der synes håbløst ude af kontrol. Durga selv tilkalder hende for at dræbe monstret Rakta-bija, hvis navn betyder "blodfrø".

Da en dråbe af Rakta-blodbijas spildte på jorden, havde han den magiske kraft til at skabe en klon af sig selv. Efter at have såret Rakta-bija med en række forskellige våben opdager Durga og hendes hjælpere - en hårdfør gruppe krigere kendt som Matrikas - at de kun har forværret situationen: Efterhånden som Rakta-sårene bliver flere og flere, bliver slagmarken mere og mere fyldt med kopier af Rakta-bija.

Durga er desperat og kalder på Kali. Kali strækker sin tunge ud over slagmarken, sluger sværmen af blodfødte dæmoner i én mundfuld og suger blodet ud af Rakta-bija, indtil han er død.

Sita antager Kalis skikkelse for at bekæmpe det monster, som selv Rama, Vishnus jordiske inkarnation, ikke kan besejre i sanskritbøgerne Adbhuta Ramayana og Devi Bhagvata Purana, Sarala Das' Oriya Ramayana og den bengalske Jaminibharata Ramayana.

Rama kom til Ayodhya og blev udråbt til konge efter at have dræbt Ravana, den tihovedede dæmonherre fra Lanka, som havde kidnappet hans kone Sita. Hans folk tøvede dog med at omfavne Sita, fordi de mente, at hendes forbindelse med Ravana havde ødelagt hendes image. Rama efterlod Sita i junglen efter at have givet efter for deres krav, hvor hun fødte Ramas tvillingesønner, Luv og Kush.

I mellemtiden fødte en af Ravanas enker Ravanas søn, en dæmon kendt som Sahashra-mukha-Ravana eller "tusindhovedet-Ravana". Denne dæmon var fast besluttet på at gøre gengæld for sin fars død. Derfor angreb han Ayodhya. Hverken Rama eller hans tropper var i stand til at besejre uhyret.

Rama bad kvinderne i Ayodhya om at kæmpe mod Sahashramukha-Ravana efter at have lært, at dette monster kun kunne overvindes af en ren kvinde. Ingen dame i byen havde kyskhed nok til at besejre dæmonen, stod det klart for alle. Rama sendte bud efter Sita i desperation. Hun nægtede først at komme.

Derfor blev hun fodret med en løgn: Rama var døende. Sita skyndte sig over til sin mands side. På vejen til Ayodhya mødte hun Sahashra-mukha-Ravana, som forsøgte at spænde ben for hende. Sita blev rasende, forvandlede sig til Kali, løftede sværdet med Devi's kraft og huggede alle hans tusind hoveder over. Da guderne ikke kunne besejre dæmonen Daruka, opsøgte de Shiva, den asketiske guddom, som derefter henvendte sig til sin kone Parvati. Hun var i stand til at slå Daruka efter at have forvandlet sig til Kali, men først derefter.

Følgende fortælling er emnet for adskillige malayali-sange, der fremføres i Keralas landsbyer for at påkalde Bhagavati. For længe siden kværnede guder og dæmoner mælkehavet, indtil Amrit - udødelighedens eliksir - blev opdaget. Halahal, den mest frygtede gift, er ankommet med Amrit. Mens guder og dæmoner kæmpede om Amrit, var det kun Shiva, der var parat til at spise Halahal og holde den i halsen og sikre, at ingen kom til skade.

Shiva blev kendt som Nila-kantha, den blåhalsede guddom, da Halahal gjorde Shivas lyse hals blå. Guderne var tidligere plaget af en dæmon ved navn Daruka. De sang Chandi-patha og bønfaldt Devi om at redde dem. Da Parvati hørte deres bønner, dykkede hun ned i giften i Shivas hals. Hun opstod som Kali, et væsen lige så sort som giften og meget mere dødbringende.

Kalis krop blev meget varm på grund af giften. For at stille sin sult gik hun på jagt efter blod. Så hun bed tænderne sammen og jagtede Daruka. Hun kom hen til ham og rev hans hoved af med sine egne hænder. Hun kastede hans hoved op i luften efter at have slugt hans blod og prydede sig med hans lemmer, ben og indvolde.

Devis, især Kalis, dominans over andre guder, som Vishnu og Shiva, vises tydeligt i historier, hvor Kali optræder som den ultimative forsvarer. Da hengivenhed over for en personlig guddom blev den vigtigste form for religiøst udtryk i det tredje til tolvte århundrede, blev sådanne fortællinger mere almindelige.

Tilbedere af mange guder forsøgte at fremstille deres guddom som overlegen i forhold til andre former. Vishnu-tilhængere så Vishnu og hans inkarnationer som de mest magtfulde manifestationer af det guddommelige, mens Shiva-tilhængere så Shiva eller hans søn, Skanda, som universets ultimative beskytter.

Durga, i hendes forskellige former, herunder Kali, fremstår som den ultimative befrier på slagmarken, ifølge gudindetilbederes tekster. Vishnu, som kommer til jorden som Rama eller Krishna for at genoprette samfundets stabilitet, har traditionelt til opgave at bevare orden.

Krishna menes at være ingen ringere end Kali i den følgende fortælling, som fortælles i en af Bengalens mindre kendte Upa-Puranas, mens Shiva, der hviler ved Kalis fødder, bliver til Radha. Historien forbinder den mørkklædte guddom (Kali) i én historie med den mørkklædte gud (Krishna) i en anden og vender op og ned på den seksuelle forbindelse mellem dem (Shiva/Radha).

Denne historie forsøger tydeligvis at forene forbindelsen mellem tantrik-ritualer for Kali og vaishnav-ritualer for Krishna i 1600-tallets Bengalen, som konkurrerede om social dominans. Guderne bønfaldt Kali om at fordrive de onde herskere fra jorden. Hun indvilligede i at tage Krishnas skikkelse.

Shiva bønfaldt Kali og fik tilladelse til at tage skikkelse af Radha på jorden. Shiva havde altid siddet ved Kalis fødder, men da han blev til Radha, satte han sig oven på Krishna/Kali og elskede med ham.

Resultatet blev, at han, der var nederst, lærte at nyde samleje ved at være øverst, men først efter at have fået en kvindekrop. Mens hun, der var øverst, begyndte at elske samleje efter at have fået en mands fysik, begyndte hun, der var øverst, at nyde samleje ved at være nederst.

AT FORNEMME KALIS TILSTEDEVÆRELSE

Find et behageligt sted, og hent din dagbog eller notesblok samt pen og papir. Denne fordybelse kræver brug af pen og papir.

Kali dukker op i vores liv på mange forskellige måder, selv på tidspunkter, der synes at være en del af livets "almindelige" vold. Overvej et øjeblik, hvor nogen, du elskede eller respekterede, tugtede eller droppede dig. Tænk på dengang, du mistede dit job eller fik taget noget værdifuldt fra dig.

Tænk på et øjeblik, hvor du blev uretmæssigt anklaget. Føl dig nu frem til de følelser, der opstod i det øjeblik. Hvordan ville det have været, hvis du kunne se den kreative ødelæggelses guddommelige ansigt på arbejde i disse begivenheder?

Hvilken indflydelse havde oplevelsen på dig? "Var der nogen uventede gaver, der kom ud af disse tab eller forandringer?" Spørg dig selv nu. Hvad var de helt præcist?" Brug et par minutter på at skrive ned, hvad du kommer i tanke om under denne overvejelse, hvis du vil.

Begynd din påkaldelse, din poesi eller dit lyriske essay om eller til Kali med sætningen "Kali, den vilde sorte gudinde ..." Lad dit arbejde flyde så naturligt som muligt uden at censurere eller bekymre dig om litterær skønhed.

Prøv at lade Kali Shakti skrive gennem dig. Gennemgå derefter det, du har skrevet, igen. Sæt dig derefter og mediter i et par minutter.

At få gudinden under kontrol.

Kali drives til vanvid af sit behov for blod, når hun spiser det. Hun går bersærk og begynder at dræbe folk på må og få. Da det sker, appellerer guderne til Shiva og beder ham om at undertrykke hende. Hun kan kun være mor i sin tamme form.

Sådan svarer Shiva ifølge tamilske tempeloverleveringer: Kalis vrede var ukontrollerbar, efter at hun havde dræbt dæmonerne og drukket deres blod. Hun begyndte at myrde og ødelægge alt, hvad der kom i vejen for hende. De tre universers stabilitet var i fare.

Guderne, sammen med Brahma og Vishnu, bønfaldt Shiva om at gøre en ende på hende. Shiva stoppede Kali og udfordrede hende til en dansekonkurrence. "Hvis du kan overgå mig i dans, kan du også overgå mig i halshugning", tilføjede han.

Kali tog imod udfordringen og kanaliserede sin vrede og lidenskab fra slagmarken ind i dansen. Guderne stod der og så Shiva og Kali danse. Da de stampede med fødderne, rystede jorden. Når det himmelske par bevægede deres hænder, forsvandt solen og månen bag bakkerne. Dansen fortsatte i århundreder. Begge dansere var på lige fod. Kali havde evnen til at udrette alt, hvad Shiva kunne.

Shiva kunne gøre alt, hvad Kali gjorde. Ingen af dem var i stand til at kontrollere den anden.

Så løftede Shiva pludselig sit venstre ben og førte sit venstre knæ bag sit venstre øre og sin venstre fod op over hovedet. Kali skulle til at løfte sit ben, da hun stoppede sig selv af respekt for sin kvindelige værdighed. Hvordan kunne hun acceptere sådan en stilling uden at udstille sit privatliv for hele verden? Hun smilede genert og erkendte sit nederlag.

Shiva blev hædret som Nataraja, Dansens Herre, af guderne. Urdhva-Nataraja, eller stillingen med det løftede ben, blev kendt som den stilling, der tæmmede den vilde Parvati. Spændingen mellem kvinders konventionelle position som underordnet mænd og kvinders metaforiske funktion som manifestationer af det guddommelige er tydeligt løst i denne historie.

Kalis uafhængighed begyndte at underminere samfundets stabilitet, som i høj grad var afhængig af mandlig dominans, da hun blev anerkendt som en almindelig religiøs gudinde. Der opstod fortællinger, som viste, at uanset hvor stærk devi'en var, var hun stadig underordnet det guddommeliges maskuline form. Kali bliver f.eks. ydmyget til underkastelse i følgende historie.

Historien, som ikke er baseret på skrifterne, forklarer Kalis mest berømte billede, hvor hun rækker tunge. Kali drak dæmonen Darukas blod efter at have dræbt ham. Hendes blodtørst drev hende til vanvid.

Hun rejste over hele kloden og myrdede tilfældigt folk. Guderne bønfaldt Shiva om at sætte en stopper for hende. Så han forklædte sig som en smuk fyr og stillede sig i vejen for Kali.

Kali bed sig i tungen af skam, så snart hun gik på ham. Hun var flov over at opdage, at hendes blodtørst havde forhindret hende i at se og genkende sin egen ægtefælle. På den anden side rækker Kali ikke tungen ud i ydmygelse eller forlegenhed, og hun kommer heller ikke uforvarende til at træde på Shiva i tantriske historier.

Hun drikker blod ved at stikke tungen ud. Og hun sætter sig på ham for at tilfredsstille sine seksuelle lyster, der vækkes af hans attraktive udseende.

Kali er ikke defensiv eller undskyldende over for sin sult eller sine seksuelle lyster i disse historier. Kali drak dæmonen Darukas blod efter at have dræbt ham. Blodtørsten drev hende til vanvid, og hun rejste rundt i verden og myrdede tilfældige mennesker.

Guderne bønfaldt Shiva om at gøre en ende på hende. Så han forklædte sig som en smuk fyr og stillede sig i vejen for Kali. Kali blev overvældet af begær, så snart hun trådte på ham. Hun satte sig på Shiva og begyndte at kysse ham. Hendes seksuelle energi blev konverteret fra hendes aggressive energi. Hendes destruktive ild blev forvandlet til en konstruktiv kraft.

Hun var ikke længere en morder; hun var en elsker. Forestillingen om Kali, der kopulerer offentligt, mens hun sidder oven på sin mand, appellerede ikke til de patriarkalske idealer, der herskede i populærkulturen. Linga Purana genfortæller historien på en mere passende måde. Kali drak dæmonen Darukas blod efter at have dræbt ham.

Hendes blodtørst drev hende til vanvid. Hun rejste over hele kloden og myrdede tilfældigt folk. Guderne bønfaldt Shiva om at sætte en stopper for hende. Det resulterede i, at han antog form som en lille baby og begyndte at græde. Kali blev overvældet af moderlige følelser, så snart hun hørte skriget.

Hendes bryster var ved at sprænges af mælk, og hun følte sig tvunget til at give barnet mad. Hun holdt spædbarnet i sine arme og tog sig af det. Shiva var i stand til at omdanne hendes rasende energi til konstruktiv energi på denne måde.

Hendes destruktive ild blev forvandlet til en konstruktiv kraft. Hun var ikke længere en morder; hun var en mor.

KALI OG TANTRA

Den tantriske Kali er heltens guddom. Det er ikke nemt at se Kali i øjnene og tage imod hendes gaver. Det kræver en helt virkelig at søge hendes ego-ødelæggende velsignelser. Kali er den primære gud for den venstrehåndede vej i tantriske traditioner, hvor overtrædelseshandlinger udføres i rituelle sammenhænge med det formål at finde den glædelige tilstand, hvor dualiteter som glæde/smerte, renhed/urenhed og endda liv/død opløses.

Kun de, der har et højt bevidsthedsniveau, kan følge den vej, hvor det forbudte bliver helligt, og gift bliver til honning. Det kræver disciplin, et sind, der er blevet styrket og beroliget af hård praksis, og en nondual vision, der er urokkelig.

Den tantriske helt udsætter sig selv for begivenheder, der gør ham bekendt med den onde side, især døden, så han bliver uberørt af dem. Visse tantriske ritualer omfattede at praktisere på krematorier, sidde på lig og endda drikke blod, hvilket kunne gøres med henblik på ekstrem selvrenselse via forsagelse eller, på et lavere bevidsthedsniveau, for at opnå magiske evner.

Den venstrehåndede rute er som bekendt vanskelig - endda dødelig for folk, der ikke er forberedt, da "giften" ofte er giftig. Det er ikke desto mindre muligt at tilbede Kali som en tantrisk helt uden at deltage i grænseoverskridende ritualer. Det kan ske i løbet af hverdagen.

Vivekananda beskrev det som spændende at se Kali i en storm: Stjernerne er blevet udslettet, og skyerne har opslugt himlen. Det er mørkt, levende og klangfuldt.

Ånderne fra en million galninge drejer rundt i den brølende vind. Hver side afsløres af et glimt af ildevarslende lys. en million, en million nuancer af død, begroet og sort Plager og sorger strøet omkring, Danser glædeligt, Vær sød, mor, vær sød, vær sød, vær sød, vær sød, vær sød, vær sød, vær sød, vær sød.

For du "tid", den altødelæggende, dit navn er rædsel, døden er i dit åndedrag, og hvert skælvende skridt ødelægger en planet for evigt! Vær sød, mor, vær sød, vær sød, vær sød, vær sød, vær sød, vær sød, vær sød Til ham kommer moderen, der tør tilbede sorgen og omfavne dødens form Dans i ødelæggelsens dans.

Da hun så et forfærdeligt syn i krigstidens Bosnien, fortalte en ung kvindelig journalist mig om en transformerende vision - dybt kaliesk - der kom til hende: "Jeg stod midt på et landsbytorv.

Alle bygninger var ødelagt, og lugten af brændende lig var at finde overalt. Jeg kan ikke engang begynde at udtrykke tragedien i det, jeg så der i form af menneskelige ødelæggelser.

Så var det, som om jeg faldt i trance med store øjne. Pludselig blev det rædselsvækkende syn badet i lys, og jeg så det med mine egne øjne. Hvert eneste brændte hjem, hvert eneste knuste lig gik i opløsning, mens lyset strømmede igennem det.

Alt var ét lys, ét materiale, jeg kunne se det så tydeligt, som jeg ser dig nu. Mit hjerte var ved at sprænges af kærlighed. "Hvem kunne forstå, hvordan lys og, ja, kærlighed kunne være der på sådan et tidspunkt med deres sind?" sagde den unge kvinde. År senere, efter at have hørt om Kalis legende, var hun endelig i stand til at forstå sit syn. 5

KALI, EN FEMINISTISK ARKETYPE

Kali-kvinden er en feminin arketype. Temaer som magt, seksualitet og raseri udforskes. En personlig arketype skabes, når en verdensforandrende energi manipuleres via et individs psyke. For mange moderne vestlige kvinder symboliserer Kali potentialet i en dristig vildskab, som traditionelt er blevet nægtet både det guddommelige feminine og individuelle kvinder, snarere end umenneskelige kræfter i naturen eller samfundet.

Hendes karakter er ofte blevet brugt i den moderne politiske debat, selv om hun er ukonventionel. Kali var tidligere beskytter af landevejstyve, kendt som Thugs, ifølge propaganda fra det britiske East India Company.

Bengalske intellektuelle, der var trætte af at undskylde og retfærdiggøre hinduistiske traditioner, især de grusomme ceremonier, der var forbundet med tantra og relateret til Kali, forvandlede omkring samme tid gudinden til Bharat Mata, et stærkt symbol på det undertrykte moderland, der søgte frihed fra det udenlandske åg.

Kalis afvisning af patriarkalske idealer gjorde hende til et stærkt ikon for den feministiske bevægelse i det 20. århundrede. Hun tiltrak sig også opmærksomhed fra New Age-forfattere, der forsøgte at genvinde devi-tilbedelsen fra Vestens jødisk-kristne-islamiske arv.

Kalis tvetydighed har sat gang i fantasien hos mange forfattere, hvilket har ført til, at hun indgår i flere skønlitterære værker, om end ikke altid i et positivt lys. Devi of the Thugs.

Tempelkomplekset, der er dedikeret til gudinden Vindyavasini, en manifestation af Durga, ligger mellem byerne Allahabad og Benaras, hvor Vindhya-bjergkæden møder den hellige Ganges sydlige bred i en by, der er kendt som Vindhyachal.

Kalikhoh-templet, ikke langt fra denne helligdom, siges at være den primære helligdom for thuggerne, som blev kendt på grund af mange embedsmænd fra det britiske East India Company.

Thugs levede ifølge politiet et overfladisk respektabelt liv, typisk som håndværkere. De brugte dog et par uger om året på at dræbe, hvilket var deres hengivne handling.

For at undgå at blive identificeret opererede bander på 10 til 50 Thugs langt hjemmefra og lokkede ofre i døden ved hjælp af bedrag. De fulgte efter købmænd og pilgrimme, indtil der opstod en mulighed for at myrde.

Morderne nærmede sig ofrene bagfra og kvalte dem med rumaler eller lommetørklæder, når øjeblikket var perfekt, alt imens de hviskede til Kali, at hun skulle holde øje med dem.

For at forklare denne mærkelige opførsel blev følgende historie fortalt: Da Kali blev udfordret af Rakta-bija, en dæmon, som kunne lave kloner af sig selv ud af hver eneste dråbe af sit blod, skabte hun to stærke krigere ud af sin sved: Kala Bhairav og Gora Bhairav. Kali gav dem to rumaler og bad dem om at kvæle Rakta-bija-klonerne, så der ikke ville være blod på jorden.

Thugs nedstammede fra de to Bhairavs, som brugte kvælning for at vise deres hengivenhed over for familieguden. Overfaldet blev ikke udført på alle de rejsende. Kvinder blev f.eks. ofte skånet til ære for Kalis køn.

Eneboere og håndværkere blev også udelukket. Fordi bøllerne var bange for smitte, blev spedalske og krøblinge udelukket.

Fordi de ikke ville udsættes for repressalier fra kolonimyndighederne, gik morderne aldrig efter europæere. De mest almindelige ofre var mænd fra de øverste kaster, såsom brahmaner, baniyas (handelsmænd) og rajputs (krigere).

Oberst William Sleeman, den civile guvernør i Centralindiens Jubbulpore (Jabalpur)-distrikt, begyndte at bekæmpe Thugs i 1826. For at supplere sin viden om det hemmelige broderskab opsøgte han fængslede thugs og brød deres tavshedspligt med løfter om mildhed.

Hele bander blev pågrebet og dømt til fængsel. I 1840 var over 3500 thugs blevet dømt, og 500 af dem blev henrettet. Bortset fra sporadiske udbrud var tyvenes terrorregime slut i 1858. (Nogle af de rehabiliterede Thugs blev fremragende tæppevævere, så gode, at dronning Victoria bestilte et af deres tæpper til Windsor Castle).

På trods af at historien om denne bizarre tyvekult har fængslet fantasien hos mennesker over hele verden og inspireret til adskillige romaner og film, har nyere forskning af forskere som Stewart N. Gordon endegyldigt vist, at Thugs hverken var en religiøs orden eller en homogen gruppe.

Thugs var i virkeligheden en gruppe omstrejfende krigere fra forskellige områder, både hinduer og muslimer, som stjal og myrdede af økonomiske og politiske grunde snarere end af religiøse forpligtelser. Deres ledere instruerede dem i at afpresse penge til at købe våben og hyre lejesoldater til at kæmpe mod briterne.

Mange af disse soldater tilbad Kali, fordi hun var den traditionelle beskytter af krigsordener i området, ikke fordi hun "gav styrke til dem, der tilfredsstillede hendes begær efter blod". Fordi deres handlinger skadede det britiske ostindiske kompagnis økonomiske og politiske ambitioner, blev de bevidst, metodisk og effektivt nedgjort via propagandaværker, der udnyttede befolkningens modstridende følelser over for Kali.

I 1830'erne fortsatte briterne med at udrydde disse kriminelle bander. Alle, der havde forbindelse til Vindhyachal-templerne, især Kalikhoh, blev mistænkt i denne periode, især hvis de tilhørte krigerkasten.

Derfor blev Kali-templet efterladt i en forfalden tilstand. De lokale gør meget ud af at distancere helligdommen fra Thugs og deres "bizarre" ritualer. Så meget, at mange mennesker afviser Kali og Vindhyavasinis tantriske oprindelse og foretrækker at se hende som en venligere, vedisk, vegetarisk gudinde.

Dæmonernes barske og kloge moder.

Mens historien om bøllerne og deres tilknytning til Kali kan have været en strategisk fortælling, der blev brugt af britiske koloniherrer til at påvirke den offentlige mening mod politiske modstandere, var den baseret på folkelige forestillinger om Kali, der forbandt hende med tyve (som i Bhagavata Puranas historie om Bharata) og troldmænd (i historien om Mahi-Ravana i Adbhuta Ramayana).

Thug-historien har været så populær siden 1700-tallet, at den har affødt en lang række bøger og film med Kali som hovedperson. Ifølge Jules Vernes bog Jorden rundt i 80 dage nåede pilgrimmene ud over Malligaum, den dødbringende region, som så ofte er blevet besudlet med blod af gudinden Kalis sektmedlemmer... Feringhea, thuggee-herskeren og kvælernes konge, regerede i det område.

Disse bøller, der var bundet af en hemmelig forbindelse, kvalte ofre i alle aldre i dødsgudindens navn uden at spilde blod; der var en tid, hvor man ikke kunne rejse gennem dette område af landet uden at finde lig i alle retninger.

Selv om Thuggees stadig eksisterer og praktiserer deres afskyelige ritualer, er det lykkedes den engelske regering at reducere disse drab betydeligt... Dette område af Bundelcund, som sjældent besøges af turister, er befolket af et fanatisk samfund, der er hærdet i hindu-religionens mest afskyelige ritualer.

Mola Ram, leder af Thugs, slavebinder af børn, "shaman", som ofrer mennesker for at tilfredsstille Kalis blodtørst og få magiske kræfter fra hende, er skurken i Steven Spielberg og George Lucas' Indiana Jones and the Temple of Doom, den anden del af Indiana Jones-trilogien.

Kali fremstilles også i et uheldigt lys i den amerikanske tv-serie "The Far Pavilion", hvor hun karakteriseres som "den sorte dødsgudinde og bloddrikker" og er den onde gamle konges skytsgudinde. Da en engelsk kvinde udtrykker ønske om at besøge et "hinduistisk" tempel i den britiske tv-serie "The Jewel in the Crown", er det eneste tempel, instruktøren ønsker at vise, ud af alle guderne og gudinderne i det hinduistiske panteon, Kalis tempel.

Selvom portrætteringen af Kali i disse bøger og film er korrekt, er der tydeligvis lagt vægt på gudindens mørke og dæmoniske aspekter, som har potentiale til at chokere læsere/seere og opfylde deres behov for det usædvanlige i Indien.

Konsekvensen har været, at Kali med sin forkærlighed for ofring og sine forbindelser til det okkulte er blevet hinduernes svar på Djævelen i manges øjne. Det er paradoksalt og trist, eftersom hinduismen ikke accepterer den jødisk-kristne-islamiske forestilling om ondskab. I hinduistisk mytologi er der heller ingen djævel. Ting kan være socialt uacceptable i hinduistisk optik, men alligevel er alt en manifestation af det guddommelige.

Negative hændelser beskrives som konsekvensen af dårlig karma snarere end Djævelens aktivitet. Voldsomme guddomme som Kali betragtes aldrig som djævle, men snarere som de mørkeste elementer af guddommelighed med deres grusomme ritualer.

Sådanne begreber gav ikke megen mening for det vestlige sind, som var påvirket af bibelsk tale. Den eneste måde at forstå en nøgen kvindelig gudinde, der kræver blodofring, er at se hende som frastødende, forfærdelig og ondskabsfuld - den indiske pendant til Lilith, Djævelens gemalinde og dæmonernes moder i Bibelen.

BHARAT MATA ER INDIENS hinduistiske modergudinde.

Mange gamle overbevisninger og traditioner, såsom børneægteskaber og kastesystemet, blev tvunget til at anerkende den tilbagestående karakter af mange gamle overbevisninger og skikke, da vestlige uddannelsessystemer ankom til Indien i det nittende århundrede.

Mange intellektuelle, som havde været udsat for vestlig filosofi og kristendom, var forlegne over mange aspekter af hinduismen, især dyrkelsen af planter, dyr og afguder.

Det resulterede i 1800-tallets hinduistiske renæssance, hvor man bevidst forsøgte at modernisere det indiske samfund og udrense hinduismen for forældede skikke.

Troen på den indiske nation opstod på grund af denne kulturelle bevægelse. Bharat Mata, gudinden, som symboliserede det indiske land, var en manifestation af dette koncept. Hun var alle inderes mor, og det var alles ansvar at forsvare hendes ære, uanset personlige lidelser eller ofre.

Anandamath, en bog af Bankim Chandra Chatterjee, var medvirkende til at popularisere dette koncept. I bogen opdager Mahendra, at billedet af den ukendte gudinde Bharat Mata er identisk med billedet af den velkendte gudinde Kali.

Han får at vide, at Kalis mørke, udmagrede, uordentlige og nøgne udseende repræsenterer et land, der er underkastet fattigdom, nøgenhed og uorden af udenlandske overherrer. De afskårne arme, der fungerer som et bælte om Kalis talje, repræsenterer de hengivnes arme, som skal ofres, før moderen kan blive befriet fra sit fremmede åg. Kali af Bankim Chandra Chatterjee er ikke en religiøs figur.

Hendes fysiske fremtoning har ingen magisk betydning. Hun er blot en metafor for Indiens situation under det britiske styre: et land med sygdom, død, fattigdom og udnyttelse. Denne fortolkning af Kalis nøgenhed viser den indiske intellektuelles ubehag ved Kalis form i det nittende århundrede.

Han kunne ikke forklare hendes nøgenhed, hendes skamløse sensualitet, hendes blodtørst eller hendes tilknytning til tyve og troldmænd for sig selv, de britiske herskere i landet eller missionærer, der var ivrige efter at forbinde Kali-tilbedelse med primitiv overtro, hekseri og sataniske ritualer.

Den indiske tænker var ikke længere på bagbenene efter at have givet sin form en politisk betydning. I virkeligheden fungerede det som et springbræt for ham til at sætte spørgsmålstegn ved den politiske situation på det tidspunkt. I feminismen er der en gudinde.

Feminister i Indien og Vesten elsker forestillingen om en gudinde, der træder på en mandlig guddom og nægter at antage en form, der er tiltrækkende for det mandlige syn. Kali blev derfor skytsgudinde for mange feminister i det 20. århundrede.

Kali har hjulpet mange feministiske forfattere ved at fungere som den ideelle metafor for bekræftelse af kvindekroppen, kvindelig seksualitet, kvindelig vrede og kvindelig aggressivitet, som alle er blevet undertrykt eller benægtet af det mandsdominerede samfund i årtusinder, angiveligt for at opretholde samfundets stabilitet.

Man har fundet ud af, at Kali er mere forenelig med en plyndret jord og en såret kvindelighed, der er klar til at kæmpe imod og udtrykke sig, efter at hun i årtusinder er blevet overskygget af mere eftertragtede og godartede versioner af Devi som Lakshmi og Gauri.

Feminister mener, at Kalis eksistens er så skræmmende, at mandlige fortællere og kunstnere med vilje har valgt at ignorere eller nedgøre hende gennem historien.

Under uafhængighedsbevægelsen så mænd Devi som Bharat Mata, en krigergudinde, der opfordrede dem til at gribe til våben for at forsvare nationen, mens kvinder så hende som Kali, en gudinde, der opfordrede dem til at afvise patriarkalske konventioner og kæmpe for deres rettigheder.

Forskere som Sumanta Banerjee har opdaget folkesange fra 1700-tallets Bengalen, fremført af kvinder fra lavere sociale klasser, hvor trods og uenighed formidles via billeder af Kali, der står oven på sin mand, Shiva.

Med sin fod på hans bryst har luderen smidt fyren fladt ned på ryggen. Hun står målløs og stirrer vredt. Sanjukta Guptas forskning har afsløret, at selv i middelalderens Indien udtrykte kvindelige helgener som Akka-Mahadevi fra Karnataka, Karaikal Ammaiyar fra tamilerne og Lalla-Ded fra Kashmir deres sociale og åndelige autonomi ved at undgå tøj, ornamenter og kosmetik og lade deres hår være uredt og ubundet, måske for at efterligne Kali, deviens utematiserede form.

Gudinden er ved at blive genvundet.

Ifølge hinduistiske skrifter blev den form, der nu er kendt som Kali, betragtet som en dæmon i den vediske æra, men som tiden gik, med den stigende italesættelse af folkelige traditioner inden for de klassiske brahminske rammer og den stigende respekt for tantrisk ideologi, blev hun i stigende grad identificeret med guddommelighed og blev til sidst en af de mest yndede manifestationer.

Mange akademikere, især feministiske forfattere fra Vesten, er uenige i dette synspunkt. De mener, at det tidligste billede af det hellige, som menneskeheden så, var et kvindeligt billede, selv før de første skrifter blev nedskrevet.

Denne skildring fandt sted i den menneskelige civilisations jæger-samler-periode, før der fandtes byer eller etablerede grupper. Menneskets forbløffelse over naturens evne til at give og tage liv blev repræsenteret af det guddommeliges feminine form.

Med tiden blev det tydeligt, at det var nødvendigt at tæmme naturen for at udnytte dens rigdomme. Det var nødvendigt at pacificere gudinden. Og hun skulle nedgøres for at retfærdiggøre hendes tæmning og undertrykkelse. De guder, der tæmmede naturen, blev de nye guder, som alle var mænd.

Den menneskelige civilisation blev patriarkalsk som et resultat af dette. De tidligste skrifter, såsom Rig Samhita, blev skrevet i den patriarkalske periode af den menneskelige civilisation, hvor kvindelige gudinder enten blev ignoreret eller nedgjort.

Dette feministiske perspektiv på religionernes udvikling er baseret på det faktum, at Gud (uanset om det er Jahve eller Bhagavan), profet (uanset om det er Moses eller Muhammed) eller frelser (uanset om det er Jesus eller Boddhisattva) antager en mandlig form i de fleste store religioner i dag, på trods af at arkæologiske steder fra sten- og bronzealderen har en tendens til at afsløre flere billeder af kvindelige guddomme. Barbara G. Walker mener for eksempel, at den Devi-baserede religion, der blev praktiseret i oldtiden, var ret homogen.

Hun hævder, at indoeuropæisk sprogoprindelse er ansvarlig for et væld af identiske navne og personligheder, der findes over store geografiske områder. Kalma i Finland og Cailleach i Irland er ifølge hende begge afledt af den samme sanskrit-rod som Kali. Marion Woodman og Elinor Dickson undersøger Kali ud fra jungiansk psykologi i deres bog Dancing in the Flames og ser hende primært som en transformator.

De kommer til den konklusion, at reel forandring kræver egoets død og frigørelse af alle de illusoriske værdier, som egoet klynger sig til af frygt. I visse områder af verden har den feministiske teori skabt et presserende behov for at genskabe devi-tilbedelsen inden for de eksisterende religiøse systemer og for at revitalisere devi-tilbedelsen, som længe har været forsømt.

Kali forbliver utrolig ægte i en kontekst, der respekterer mange trosretninger og er afhængig af mange ritualer, hvor nogle aspekter af hendes personlighed blot fremhæves eller nedtones for at passe til de drastisk varierede betingelser for hendes nye tilhængere og omgivelser. Ramprasad Sen tilbeder hende både som en modergudinde og en grusom fortærer af Devi Mahatmya.

Hendes ubetingede kærlighed sikrer respekt og accept for alle hendes tilhængere, uanset seksuel orientering, etnicitet eller økonomisk eller social status.

KALI YOGA

Kali Asana er en yogastilling. Placer fødderne langt fra hinanden, så du nemt kan bøje i knæene.

Løft armene med bøjede albuer.

Start med at stå oprejst og bøj dig hurtigt ned i en hugsiddende stilling, før armene ned med albuerne først og ræk tungen ud.

Råb "AHHHHH", når du gør det. I stedet for at bruge nakken kan du prøve at gøre det fra maven.

Fyld den nederste del af brystet, den midterste del af brystet og den øverste del af brystet med en dyb indånding, mens du trækker vejret op til stående.

Gør så det hele igen. Gentag denne proces fem gange. Læg mærke til, hvordan du har det.

KALI I MODERNITETEN

Ifølge moderne feministiske læsninger repræsenterer Kalis destruktive komponent ødelæggelsen af skadelige fordomme og nedbrydningen af undertrykkende systemer. Hendes evne til at nedbryde ses som en måde at skabe plads til en ny start og radikal forandring.

Feministiske ideer om selvaccept og empowerment er også i tråd med Kalis fyrige og uforbeholdne opførsel. Kvinder bliver inspireret af hendes modvilje mod at leve op til sociale normer til at acceptere sig selv med alle sine fejl og mangler. Hun opfordrer kvinder til at forsvare deres rettigheder og tale for sig selv.

Kalis dobbelte natur som skaber og ødelægger er i overensstemmelse med feministiske forestillinger om forandringens forvandlingspotentiale. Hun fungerer som en påmindelse om, at selv om undertrykkende institutioner skal ødelægges for at skabe et mere fair og retfærdigt samfund, kan ødelæggelser også resultere i nye begyndelser.

I en feministisk sammenhæng bliver hendes moderlige element også genfortolket og fremhæver hendes funktion som opdrager og forsvarer af de undertrykte og underprivilegerede. For kvinder, der kæmper for deres rettigheder og arbejder for at gøre verden til et mere retfærdigt sted, ses hun som en kilde til inspiration og styrke.

Den måde, Kali portrætteres på i moderne feministisk kultur, er kompleks og i konstant forandring. Hun fungerer som en påmindelse om de komplicerede og modstridende aspekter af kvindelighed, samtidig med at hun er et symbol på kvindelig styrke. Hun er en kilde til kreativ forandring, en nådesløs forsvarer og en rasende ødelægger.

Hendes inddragelse i den feministiske diskurs inspirerer kvinder til at nå deres største potentiale, sætte spørgsmålstegn ved accepteret visdom og stræbe efter et mere fair og retfærdigt samfund.

De fleste Kali-lignende karakterer og figurer i litteraturen er portrætteret som onde eller sindssyge, og derfor har det indtil for nylig været svært at finde rollemodeller for den inkarnerede Kali.

Kali tiltrækker moderne kvinder på trods af, eller måske på grund af, hendes negative egenskaber. Billedet af Kali er dukket op i det vestlige samfund mere tydeligt end nogen anden indisk gudinde, efterhånden som feministisk orienteret antropologi, gudindecentreret spiritualitet og yoga har bredt sig over hele den vestlige verden. Kali bestråler populærkulturen som legemliggørelsen af det aggressive in-your-face-aspekt af feminin magt som en postmoderne gudinde.

Mange unge kvinder påkalder Kali, når de er modige nok til at konfrontere og overvinde deres egne traumer, eller når de ønsker at overvinde seksuel skyhed, høflighed, usikkerhed og ubehag.

Kalis billede giver kvinder og det guddommeligt feminine mulighed for at træde ind i en verden af vild dristighed, som hidtil har været forbudt for både det guddommeligt feminine og bestemte kvinder. Den hinduistiske gudinde Kali, som repræsenterer feminin styrke, modstandsdygtighed og frigørelse, er blevet en magtfuld figur i populærkulturen. Hun er gudinde for skabelse, ødelæggelse og bevarelse. Hendes utilslørede og aggressive fremtoning appellerer til dem, der ønsker at genvinde deres egen magt og bekæmpe patriarkalske normer.

Kali-arketypen optræder i populærkulturen på mange forskellige måder, ofte som stærke kvindelige karakterer, der trodser sociale normer og frigør sig fra samfundets begrænsninger. Her er nogle få eksempler på, at Kalis arketype er blevet personificeret, imiteret eller beskrevet i populærkulturen:

Den hævngerrige hævner: I "Kill Bill"-filmene er Uma Thurmans brud et godt eksempel på den hævngerrige hævner, som repræsenterer Kalis destruktive side. Disse personer repræsenterer Kalis evne til at udløse retfærdig vrede og søge hævn for den uret, der er begået mod hende.

Den utrættelige kamp: Karakterer som Rey Skywalker fra "Star Wars" og Katniss Everdeen fra "The Hunger Games" udviser Kalis kampånd. Ligesom Kalis urokkelige kraft har disse figurer styrken til at stå op for det, de tror på, og en uforanderlig beslutsomhed.

Den beskyttende moder: Wonder Woman fra DC Comics og Lara Croft fra "Tomb Raider"-serien er to eksempler på Kalis beskyttende modernatur. Disse figurer afspejler Kalis dobbelte natur som ødelægger og vogter ved at smelte stærk beskyttertrang sammen med medfølelse.

Legemliggørelsen af metamorfose: Karakterer som Daenerys Targaryen fra "Game of Thrones" og Eleven fra "Stranger Things" demonstrerer Kalis evne til at skabe metamorfose. I lighed med Kalis funktion som forandringsagent gennemgår disse karakterer dybe personlige metamorfoser, der ofte omfatter dekonstruktion af deres tidligere selv og skabelse af en ny, kraftfuld identitet.

Personificeringen af rå kraft: Malala Yousafzai og Serena Williams er to eksempler på Kalis utæmmede, urokkelige kraft. Disse kvinder har trodset forventninger og ødelagt fordomme og demonstreret deres rå genialitet og urokkelige beslutsomhed, ligesom Kalis uhæmmede kraft.

Populærkulturens Kali-arketype er en stærk påmindelse om kvindens mange kvaliteter, herunder styrke, modstandsdygtighed og evnen til at skabe og forandre. Hendes tilstedeværelse inspirerer kvinder til at stræbe efter retfærdighed og opbygge et mere ligeværdigt samfund ved at skubbe til sociale grænser og udnytte deres fulde potentiale.

AT TÆNKE PÅ KALI

Luk øjnene og slap af i en behagelig stilling, mens du overvejer Kali-energien i dit liv. Hvilken rolle har Kali-energien haft i din dristige eller uortodokse adfærd? Hvordan har hun på både godt og ondt opmuntret dig til at flytte grænserne?

Gud bliver ophidset. Gud tæmmer Devi, men Devi vækker også Gud. Selv om han måske holder hendes lidenskab tilbage, vækker hun hans interesse. Resultatet er, at de to guddommelige former supplerer hinanden.

Devi tvinger asketen Shiva til at blive husmand og få et barn i den følgende historie fra Shiva Purana. Taraka, monsteret, plagede de tre riger. Han kunne kun dræbes af et seks dage gammelt barn. Guderne overvejede, hvor de kunne finde et barn, der var i stand til at kæmpe på sin syvende fødselsdag.

Kun asketen Shiva kunne ifølge Brahma blive far til sådan et barn. Shiva derimod havde lukket sine øjne og var sunket ned i meditation i æoner. Guderne sendte kærlighedsguden Kandarpa ud for at vække den ensomme asket.

Shiva åbnede sit tredje øje, udløste et flammende missil og forvandlede Kandarpa til aske, da kærlighedsguden affyrede fem pile for at vække Shivas fem sanser.

Guderne var skrækslagne over Shivas magt og bad Devi om hjælp. Hun var den eneste, der kunne få Shiva til at blive far til et barn. Devi antog skikkelse af Parvati, bjergprinsessen, og tjente trofast Shiva i håb om, at han ville forelske sig i hende til sidst. Det lykkedes ikke.

Som følge heraf begyndte hun at praktisere stramninger, der var lige så strenge som Shivas. Hendes koncentration var så stærk, at den fik planeten til at ryste i sin grundvold. Shiva havde intet andet valg end at acceptere hendes forslag og åbne sine øjne. Shiva elskede med sin gemalinde Parvati efter at være blevet tæmmet på denne måde. Til sidst udgød han sin kraftfulde sæd, som antændte brande, fik floder til at koge og satte ild til skove.

Til sidst voksede frøet til den sekshovede drengegud Skanda, som overtog ledelsen af de himmelske kræfter på den syvende dag af sin eksistens, gik til angreb på Taraka og dræbte ham i kamp. Devi 'gifter sig' med Shiva i Purana og garanterer, at han bliver verdslig. Dette koncept er dog mere tydeligt i Tantra. Shiva vises som så opslugt af meditation, at han er fuldstændig uvidende om sine omgivelser; han ligner et lig.

Ingen nærmer sig ham, fordi de er bange for hans raseri. Kali nærmer sig ikke kun Shiva, men hun sætter sig også på ham og tvinger ham til at kopulere. Shivas intellekt bliver således vakt, og han tvinges til at erkende den ydre materielle verden. Resultatet er ifølge Todala-tantraen, at "Sadashiva er uden vitalitet (livløs), indtil Maha-Kali manifesterer sig." Han er også et lig (shava), hvis han ikke er forenet med Shakti. Det er klart, at den oprindelige guddom er livløs og ude af stand til at handle uden Shakti.

Gud er det åndelige princip i hinduistisk filosofi, mens Devi er det materielle princip. Han er sjælen, og hun er kroppen. Han er årsagen, og hun er virkningen. Han er det guddommelige på indersiden, og hun er det guddommelige på ydersiden. Han giver hende form, og hun giver ham betydning. Uden den anden kan ingen af dem eksistere.

Hvis Shiva repræsenterer kala eller tid, repræsenterer Kali den kraft, der drejer den ved at skabe fremtiden og fortære fortiden. Swami Vivekanandas digt "Kali, the Mother" var påvirket af dette koncept og skildrer Kalis nat som en periode med bælgmørke, der udvisker stjernerne, med "tusinde, tusinde nuancer af død, der er begroet og sort", som spreder plager og sorger i en vild, glædesfyldt dans til alle sider.

Terror er gudindens navn, døden er i hendes åndedrag, og ødelæggelse følger hvert skridt, fordi hun er den ustoppelige kraft bag den altopslugende Tid, ifølge digterens perspektiv.

Det er en dyb og transformerende oplevelse at overveje og meditere over Kali, og det kan give indsigt i essensen af det guddommeligt feminine, den transformerende kraft og livets cykliske mønster. Her er flere metoder til at nærme sig og fundere over Kali:

Undersøg hendes mytologi og symbolik: Hvis du lærer mere om de legender og billeder, der knytter sig til Kali, kan du forstå hendes komplekse personlighed på et dybere niveau. Opdag betydningen og symbolikken i hendes mange inkarnationer, herunder Tara, Dhumavati, Bhairavi, Mahakali, Chinnamasta og Tripurasundari.

Interager med hendes murti eller ikon: Hvis du har adgang til et billede eller en anden afbildning af Kali, så brug meditation eller introspektion til at interagere med det. Læg mærke til symbolikken i hendes krop, hendes kommanderende attitude og hendes truende blik. Lad dig bevæge af billedets ideer og følelser.

Læs poesi og spirituelle bøger: Fordyb dig i andagtslitteratur og poesi om Kali, f.eks. Kalidasas eller Devi Mahatmyas. Din forståelse af Kalis hellige essens og den respekt, hun har fået gennem historien, kan blive styrket af disse værker.

Hvis du messer Kalis mantraer som "Om Kali Ma Kali" eller "Om Jayanti Jayanti Maha Kali Kali", vil det hjælpe dig med at komme i kontakt med hendes ånd og vække din indre styrke. Du kan også praktisere japa-meditation. At recitere mantraet højt kan fremkalde meditation og styrke ens forhold til det guddommelige feminine.

Overvej både hendes produktive og destruktive kvaliteter: Kalis destruktive side står for afvikling af bindinger, opløsning af illusioner og ændring af forældede vaner. Hendes kreative side står for evnen til at frembringe nye begyndelser, innovative koncepter og fremkomsten af transformerende potentiale. Tænk over, hvordan du oplever disse facetter af Kali i dit eget liv.

SØG RÅD HOS ÅNDELIGE mentorer: Hjælp dem, der er informeret om Kali og hinduismen, som åndelige mentorer eller instruktører. Efterhånden som du får en dybere forståelse og et bånd til gudinden, kan de give dig indsigtsfulde råd.

Respekter din indre Kali: Anerkend, at du er en kilde til styrke, modstandsdygtighed og transformationspotentiale. Dette er din indre Kali. Ved at acceptere dig selv, konfrontere begrænsende ideer og tale for det, du tror på, kan du ære din egen indre Kali.

Husk, at det at tænke over og overveje Kali er en kontinuerlig, personlig proces. Vær respektfuld over for hende, modtagelig og ivrig efter at få nye færdigheder og viden fra hende. Efterhånden som du lærer Kali bedre at kende, kan du opdage, at hun bliver en formidabel mentor og inspiration i dit liv.

HENDES MØRKE SIDE

———

Den hinduistiske gudinde Kali, der også er kendt som gudinden for skabelse, ødelæggelse og bevarelse, sammenlignes ofte med en skyggeside eller mørk side, der betegner de vilde, kaotiske og destruktive sider af det guddommelige feminine. På trods af sin ydre fremtoning har denne skyggeside et stort potentiale for åndelig udvikling og psykologisk forandring.

At genkende Kalis mørke side:

Kalis voldelige og destruktive aspekt er det, der definerer hendes skyggeside. Hun fremstilles ofte som en voldsom kriger, der er dækket af blod og bærer våben. Denne kraftfulde kvalitet står for evnen til at nedbryde forhindringer, fjerne vrangforestillinger og afvikle forældet adfærd, der begrænser os.

Men denne destruktive kraft kan også vise sig negativt, som uhæmmet raseri, skadelig adfærd mod sig selv eller en tilbøjelighed til at skælde ud på andre. Disse negative egenskaber kan slå rod og skabe kaos og katastrofe i vores liv, når vi undertrykker eller ignorerer vores indre Kali.

Om Kalis skyggeside i nutiden:

Kalis mørke side taler til vores nutidige kampe i en verden med uretfærdighed, vold og miljøødelæggelser. Ødelæggelsen af vores verden, samfundets ustabilitet og konflikter er manifestationer af Kalis ødelæggende kraft.

Vi kan personligt møde Kalis mørke side i vores egne kampe med bitterhed, selvtillid og vrede. Ukontrolleret har disse følelser magt til at ødelægge vores relationer, hæmme vores vækst og forhindre os i at realisere vores fulde potentiale.

At tage Kalis mørke side op for at transformere:

Selv om det kan virke ugunstigt, har Kalis skyggeside stor kapacitet til selvforbedring. Vi kan bruge vores indre Kalis destruktive kraft til noget godt ved at acceptere og elske hende.

Det er vigtigt at bruge Kalis destruktive kraft til noget godt. For at overvinde vores egne interne barrierer, såsom begrænsende overbevisninger, destruktive praksisser og selvpålagte begrænsninger, kan vi fokusere den indeni i stedet for udenpå.

Vi kan vende vores indre Kalis destruktive kraft til en befriende gnist ved at møde hende med kærlighed og mod. Vi kan lære at give slip på ting, der ikke længere tjener os, at overvinde usunde bindinger og at give plads til en ny start.

Inklusive Kalis skyggeside:

For at inkludere Kalis mørke side i vores liv er vi nødt til at finde en balance mellem forandring og accept. Vi må uden skyldfølelse eller fordømmelse anerkende, at denne onde side findes i os. Samtidig skal vi bestræbe os på at ændre dens dårlige egenskaber til gode.

Selvindsigt, selvmedfølelse og en vilje til at se vores egne indre dæmoner i øjnene er nødvendige for denne proces. Det kræver, at vi tager ansvar for vores handlinger og bevidst vælger, hvordan vi vil bruge vores energi.

Vi kan bruge Kalis skyggeside via denne integrationsproces til at blive stærkere, mere ægte og mere modstandsdygtige mennesker. Vi kan udvikle evnen til at forsvare os selv, sætte passende grænser og forfølge vores mål med fast beslutsomhed.

I sidste ende er det at acceptere Kalis mørke side en spirituel og selvopdagende rejse. Det er en vej til integration og fuldstændighed, hvor vi kan leve et liv med ærlighed, styrke og formål og acceptere alle dele af den, vi er, både de mørke og de lyse.

Kali repræsenterer både feminin dristighed og ung energi samt mere mørke og problematiske former for magt, især de rasende og voldelige energier, som mange kvinder har svært ved at eje og mænd svært ved at håndtere. (I Indien er det at kalde en kvinde en "almindelig Kali" en nedsættende betegnelse for en, der er i dårligt humør eller rasende).

Som alle himmelske kræfter er Kali meget større end vores menneskelige ego. Når hun viser sig i det kvindelige sind, kan det virke, som om vi er blevet besat, overtaget af noget, der ikke har meget at gøre med vores sædvanlige, "daglige" natur. Når Kalis kraft er undertrykt, vil den ofte vende sig mod os, ulme som vrede, angribe vores kroppe som sygdom og ulykker og dukke op på måder, der kan ødelægge vores kærlighed og andres kærlighed til os. (Det er afslørende, at en af Lady Gagas musikvideoer foregår på et hospital efter noget, der ser ud til at være et selvmordsforsøg).

Først i 1980'erne forstod lægerne, at mange kvinder, der led af depression og spiseforstyrrelser, havde været udsat for voldtægt eller andre former for seksuelt misbrug. Kvindernes vrede og sorg var blevet "pakket ind", og de havde brug for at få afløb for den, så deres krop og sind kunne komme sig.

I tusindvis af år har kvinder undertrykt deres styrke og er blevet mestre i passiv vold og stedfortrædende manipulation bag scenen. Som følge heraf er rejsen mod at opdage og udnytte denne kraft inden i os selv fyldt med faldgruber.

Vi ved ikke altid, hvordan vi skal skelne mellem det transformative raseri, der kan bekæmpe uretfærdighed, og den sårede kvindes vrede, som vi alle bærer i vores celler, uanset om vi er klar over det eller ej.

Det guddommelige feminine mod og vovemod, såvel som hendes ømhed, kan udnyttes til stærk og effektiv protest.

Det blev set af de forsvundnes mødre, som protesterede stille og offentligt under den argentinske juntas terrorregime, og det driver indsatsen fra tidligere sexarbejdere og dem, der arbejder for at stoppe seksuel menneskehandel over hele verden. Guddommelig feminin vrede kan nogle gange eksplodere på måder, der ødelægger vores livsstrukturer.

HENDES DESTRUKTIVE RASERI

I sin vilde og utæmmede form personificerer Kali, den hinduistiske gudinde for skabelse, ødelæggelse og bevarelse, ideen om destruktiv vrede. I stedet for at være et meningsløst udbrud er hendes vrede en stærk kraft, der kan bruges til at skabe konstruktive forandringer. Kalis destruktive vrede kan vække genklang hos feminister og moderne kvinder på flere måder:

Omfavnelse af raseri: I stedet for at være noget, man skal frygte eller undertrykke, bør Kalis vrede anerkendes og bydes velkommen som en normal menneskelig følelse. Selv om Kali minder os om, at vrede kan være en stærk kilde til energi og inspiration, oplever kvinder og feminister ofte et socialt pres for at undertrykke deres vrede.

Kanalisering af raseri til positiv forandring: Kalis raseri er et våben til at omstyrte undertrykkende systemer og vende op og ned på den nuværende situation, ikke skadeligt i sig selv. Feminister og moderne kvinder kan bruge deres raseri til at skabe produktiv aktivitet i den sociale retfærdigheds og ligestillingens navn.

At acceptere dualiteten af vrede og medfølelse: Kali er en skaber og en vogter ud over at være en ødelægger. Hendes kontrast tjener som en påmindelse om, at medfølelse og raseri ikke er hinandens modsætninger. Nutidens feminister og kvinder kan i deres handlinger udvikle både vrede og medfølelse og kæmpe for retfærdighed med ihærdighed og følsomhed.

At genvinde raseri som en kilde til kraft: Kalis raseri er en kilde til styrke og magt, ikke et tegn på svaghed. Feminister og moderne kvinder kan genvinde deres raseri fra de skadelige fordomme, der omslutter det, og anerkende det som en stærk kraft til individuel og samfundsmæssig forandring.

Brug af raseri til at bekæmpe undertrykkelse: Kalis raseri er et redskab, hun bruger til at bekæmpe undertrykkelse. Feminister og moderne kvinder kan bruge deres raseri til at konfrontere de racistiske, patriarkalske og andre undertrykkende strukturer, der holder dem nede.

At finde styrke i sårbarhed: Kali kæmper fra tid til anden med at kontrollere sin vrede og dens potentielt destruktive natur. Feminister og moderne kvinder kan måske identificere sig med Kalis sårbarhed og finde mod i at indrømme deres egne kampe med raseri og vrede.

At forvandle raseri til en god kraft: Når Kalis raseri er fokuseret på at skabe konstruktive forandringer, kan det kanaliseres til en gavnlig kraft. Feminister og moderne kvinder kan kanalisere deres vrede ind i aktiviteter, der gør verden mere retfærdig.

Kali som det destruktive raseris indre stemme Når Kali dukker op i moderne vestlige kvinders drømme og digte, fungerer hun ofte som en metafor for alt det i vores psyke, der synes at være ude af kontrol.

På yOni.com, en nyfeministisk hjemmeside, er der en Kali-påkaldelse: Jeg er helvedes kælling. Jeg tror, du kender mig; jeg er Kali, Hekate, Lilith, Morrigan og Ereshigal, den onde gudinde.

"Den onde gudinde bor i os alle", står der i et essay på samme hjemmeside. Hun vil i sidste ende sive ud i vrede og sarkasme, med snigende stikpiller, nagende sladder og nedgørelse, på trods af at hun er blevet undertrykt og afvist...

Mange kvinder, især tredje bølge-feminister i 20'erne og 30'erne, har fundet ud af, at det at omfavne Kali-siden, som står for de voldelige, destruktive og uforbeholdne dele af den guddommelige femininitet, er en metafor for at omfavne deres egen vrede og seksualitet. Disse kvinder forbinder sig med denne metafor af flere grunde:

At genvinde magten: Kali trodser de kulturelle normer for kvindelighed, som ofte lægger vægt på følelsesmæssig kontrol og underdanighed, med sin vilde og fyrige personlighed. Kvinder kan udtrykke deres suverænitet og genvinde deres magt ved at omfavne Kalis ånd.

At tage kampen op mod patriarkatet: Den destruktive side af Kali står for nedbrydning af alle former for undertrykkelse, herunder patriarkatet. Tredjebølgefeminister, som ofte kæmper med arven fra patriarkatet, identificerer sig med Kalis raseri, fordi det afspejler deres ønske om at sætte spørgsmålstegn ved kønskonventioner og eliminere strukturelle uretfærdigheder.

At eje sit raseri: Kalis vrede er en kilde til styrke og kraft snarere end et tegn på svaghed. Selv om det er almindeligt, at kvinder er betinget af at undertrykke deres vrede, giver accept af Kalis raseri kvinder mulighed for at tage kontrol over deres vrede og kanalisere den mod konstruktiv forandring.

Omfavnelse af seksualitet: Kalis skamløse seksualitet står for kvinders frigørelse til at udtrykke deres behov og kræve deres seksuelle autonomi. Tredjebølgefeminister, som prioriterer seksuel frihed og kropspositivitet, ser Kalis uforbeholdne seksualitet som et stærkt symbol på personlig autonomi.

Kalis dualisme, som står for både skabelse og ødelæggelse, minder kvinder om, at vrede og seksualitet ikke altid er dårlige ting, og skaber en balance mellem disse to modsatrettede kræfter. De kan bruges til at transformere mennesker og skabe gode forandringer.

Kvinder har et stærkt fundament for at forstå og acceptere deres egne komplicerede følelser og forhåbninger på grund af Kali-metaforen.

Den inspirerer folk til at trodse sociale normer, tage kontrollen over deres liv tilbage og udtrykke, hvem de virkelig er.

At eje sin Kali-side er en metafor for at lære at omfavne sin egen vrede og seksualitet for mange kvinder, især tredje bølges feminister i 20'erne og 30'erne. Den undertrykte kraft, som kvinder skjuler, mens de forsøger at leve op til det idealiserede billede af den omsorgsfulde, plejende feminine arketype, som enhver kultur idealiserer, slippes løs af Kali.

Det er ingen overraskelse, at ordene "Kali" og "Kaliesque" ofte bruges som en forkortelse for kvindelig vrede. Nogle kvinder bruger derimod Kali-billedet til at forklare ukontrollerbare udbrud, PMS-symptomer og hævnaktioner mod familiemedlemmer og tidligere partnere, som har behandlet dem dårligt eller bedraget dem.

Den følgende Kali-fortælling indeholder lugten af denne ukontrollerede egenskab, som den manifesterer sig i det individuelle sind. En dæmon er ankommet, og kun en kvinde kan ødelægge den. Parvati går ind i Shivas krop på Shivas anmodning og forandrer sig selv ved at sluge den gift, der sidder i Shivas hals.

På den måde absorberer hun al den kollektive bevidstheds negativitet og omdanner den til vrede. Hun fremstår som den nøgne, voldsomme Kali med filtret hår og et brændende, rødt tredje øje midt i panden.

Kali dræber let dæmonen, men hun er så opslugt af kamplyst, at hun nægter at vende tilbage til sin smukke form som en kærlig hustru. I stedet går hun ud i skoven og danser så vildt og kraftfuldt, at hun truer med at få verden til at bryde sammen. (Når revolutioner først er begyndt, har de en tendens til at komme ud af kontrol).

De lokale vismænd beder Shiva om hjælp, men selv han er ikke i stand til at tiltrække Kalis opmærksomhed. Derefter udfordrer han hende til en dansekonkurrence.

Han starter sin egen dans, som er så kraftfuld, at den smadrer jorden og ryster planeterne ud af deres baner og skaber så meget ødelæggelse, at det vækker Kalis samvittighed, og hun vender tilbage til sin "normale" form. Gudinden er kun en ledsager i Shiva Purana, hvor Shiva er den dominerende ægtefælle.

Det skildrer både mandlig frygt for det ukontrollerede aspekt af feminin magt og maskulint ønske om at demonstrere styrke for at tæmme det feminine, set fra ét synspunkt. Shiva tæmmer i dette tilfælde Kali ved at opføre sig så irrationelt, at hun er nødt til at falde til ro for at kunne trøste ham. (I en anden version af fortællingen forvandler Shiva sig til en baby, hvilket udløser Kalis moderinstinkt).

I denne fortælling repræsenterer Kali følelser og Shiva fornuft; Kali repræsenterer amygdala og Shiva repræsenterer neocortex; Kali repræsenterer lidenskab, mens Shiva repræsenterer forståelse. Denne fortælling indkapsler også vores fælles frygt for feminint raseri. Vi er blevet vant til mandligt raseri og vrede efter tusindvis af år med patriarkat, selv når vi frygter det.

Men det feminine raseri - moderens frygtindgydende ansigt - ser ud til at true livets fundament. Det tjener som en påmindelse om, at jorden kan vende sig mod os, nægte at udføre sin støttende funktion og eksplodere som en vulkan eller tornado.

Uordenens blodlugt - det kaos, der opstår, når den mishandlede og forrådte kvinde rejser sig i hævn eller blot med et skrig om "nok" - dukker op i den menneskelige psyke set fra det konventionelle samfunds eller den modernistiske rationalitets perspektiv.

Når kvinder bliver indhentet af skyggen Kalis vrede, kan de forårsage enorme personlige ødelæggelser. Den mest dramatiske fortælling om Kalis mørke side stammer fra græsk mytologi, ikke fra hinduistisk tradition. Medea, prinsessen af Kolchis, bruger sine magiske evner til at hjælpe sin elsker, Jason, med at klippe det gyldne skind af to ihærdige væddere. Af kærlighed til ham forlader hun sin familie og sit hjem og rejser til Athen med ham. Jason får efterfølgende en yngre prinsesses hånd, som tilfældigvis er datter af kongen af Athen mange år senere.

Medea beder Jason om ikke at forlade hende, men da han nægter, skaber hun en magisk kappe, der dræber hans brud - og derefter hendes egne børn.

Da kvinder i 1980'erne og 1990'erne for første gang begyndte at fortælle om deres oplevelser med seksuelt misbrug i hjemmet og voldtægt blandt jævnaldrende, så jeg konfrontationer mellem døtre og deres fædre, som var faretruende tæt på at splitte familier ad.

Kvinder, der er "besat" af Kali, virker nogle gange på mig, som om de bærer på årtusinders smerte og raseri, som om de har åbnet sig for den ophobede vrede fra millioner af sårede kvinder, der er lagret i det kollektive ubevidste og søger forløsning.

I takt med at kvinder modigt bryder tavsheden og deler deres historier om sexchikane og overgreb, har en bølge af opgør skyllet ind over samfundet. Drevet af vedholdenhed og et ønske om retfærdighed har denne gruppes stemme vendt op og ned på etablerede kønskonventioner og rystet grundlaget for magtsystemer.

Det stigende antal kvinder, der står frem over for deres overgrebsmænd, er ikke bare en modig gestus på egen hånd; det er snarere en fælles helingsproces, der involverer fælles uddrivelse af sorg og traumer, som har været undertrykt i mange generationer. At navngive deres plageånder og bringe den ondskab frem i lyset, som har gemt sig i det åbne, er en stærk forløsende handling.

Opvågningen af Kali, den fyrige hinduistiske gudinde for ødelæggelse og forandring, kan sammenlignes med denne kollektive helingsproces. Selv om Kali typisk ses som destruktiv, symboliserer hendes uhæmmede kraft opløsningen af undertrykkende systemer og nedbrydningen af illusioner. Det er en kraft, der er i stand til at bane vejen for en ny start og fungere som katalysator for betydelige forandringer.

De kvinder, der repræsenterer Kalis ånd og tør sige deres sandhed, søger ikke kun helbredelse for det feminine kollektiv, men de søger også hævn for sig selv. De bærer byrden af tusindvis af års tyranni, den kombinerede vrede og lidelse fra marginaliserede og tavse kvinder.

MeToo-bevægelsen er et bevis på, hvor stærke kvinder kan være, når det gælder om at slippe ud af undertrykkelsens bånd og genvinde deres handlekraft og stemme. Denne dans repræsenterer Kalis dobbelthed, hendes evne til både at skabe og ødelægge.

Ud over at konfrontere specifikke krænkere angriber kvinder, der siger fra over for deres krænkere, også de patriarkalske systemer, der har understøttet uretfærdighed i generationer. De ønsker et samfund, hvor kvinder bliver hørt, hvor deres erfaringer bliver anerkendt, og hvor de føler sig beskyttet, respekteret og magtfulde.

MeToo-bevægelsen er en fælles uvilje mod at tie stille over for uretfærdighed og en konfrontation med historien. Bevægelsen er drevet af kvinders kombinerede vrede og harme, og den forvandler denne energi til en kraft for det gode.

De kvinder, der kæmper for retfærdighed, er ligesom Kali ikke bange for at se mørket i øjnene. De forstår, at den eneste måde, hvorpå de kan skabe plads til lys, til helbredelse og til en mere fair og retfærdig verden, er ved at konfrontere mørket.

KALI OG OPLØSNING

Det mørke aspekt af Kali, som ofte forbindes med opløsning, kaos og uhæmmet raseri, kan skabe forvirring og ængstelse. Når det er sagt, ligger kimen til dyb forandring latent i denne mørke side.

Opløsning, eller det at gå i opløsning, ses ofte som en dårlig ting, en repræsentation af ødelæggelse og tab. Men i forbindelse med Kalis mørke side ses opløsning som en vigtig fase i den åndelige oplysningsproces og den menneskelige udvikling.

Opløsning giver os mulighed for at give slip på ting, der ikke længere tjener os - bindinger, overbevisninger og rutiner, der forhindrer os i at nå vores største potentiale - ligesom Kalis destruktive kraft knuser illusioner og ødelægger forældede mønstre. Vi kan skabe plads til en ny start og forandring ved at gennemgå denne proces med at give slip.

De primitive, vilde sider af vores egen natur, hadet, frygten og vreden, som vi ofte undertrykker eller afviser, er også inkluderet i Kalis skyggeside. Uforløste og uerkendte følelser har potentiale til at antage skadelige former, der resulterer i selvdestruktiv adfærd, anstrengte forhold og følelsesmæssige omvæltninger.

På den anden side opfordrer mødet med Kalis mørke side os til at gøre det med empati og forståelse. Vi kan begynde at gøre vores eget mørke til en kilde til styrke og kraft ved først at anerkende og omfavne det.

Kalis mørke side tjener som en påmindelse om, at den kosmiske dans består af både skabelse og ødelæggelse, i stedet for at være gensidigt uforenelige. Vi skal igennem tider med opløsning for at opnå en meningsfuld metamorfose, ligesom larven skal opløses i sin puppe for at komme ud som sommerfugl.

Evnen til at navigere i Kalis mørke side kræver selvmedfølelse og bevidsthed. Vi kan begynde at forstå oprindelsen af disse vilde følelser og skadelige adfærd og lære at kontrollere dem ved at anerkende deres eksistens.

Ved at deltage i mindfulness-øvelser som dagbogsskrivning og meditation kan vi betragte vores tanker og følelser objektivt og lade dem komme og gå uden at være knyttet til eller påvirket af dem.

Når vi møder vores eget mørke, opfordrer selvmedfølelse os til at være venlige og forstående over for os selv. Vi kan begynde at reparere de ar, der har såret os, og ændre vores negative vaner til gode ved at praktisere selvkærlighed.

At acceptere Kalis mørke side er en vanskelig vej for de svage sjæle. Den kræver sårbarhed, mod og vilje til at konfrontere vores eget mørke. Men fordelene er betydelige. Ved at se vores undertrykte angst og skadelige tilbøjeligheder i øjnene kan vi åbne et reservoir af uhæmmet potentiale og slå ind på en vej mod betydelig forandring.

Vi opdager, hvordan vi kan acceptere opløsning som en begyndelse snarere end en afslutning, når vi bevæger os gennem Kalis mørke side og tager et vigtigt skridt mod oplysning og frihed. Vi kan hæve os over begrænsningerne i vores historie og blive de lyse, kraftfulde væsener, som vi var bestemt til at være via denne proces af skabelse og ødelæggelse.

Negative Kali-energimanifestationer er ligesom andre skyggehandlinger forvrængninger af Kali Shaktis gode egenskaber. De forvrænger og tilslører en grundlæggende og transcendent transpersonlig kvalitet: kraften til frihed via dramatisk transformation.

Kali kan træde sublimt frem via den utrættelige aktivisme hos kvinder, der kæmper for at afsløre seksuel menneskehandel, industrielt landbrug og udnyttelse af arbejdskraft hos elektronikproducenter.

Hendes indflydelse er tydelig i den urokkelige aktivisme hos kvinder, der arbejder for at gøre opmærksom på problemerne med industrielt landbrug, udnyttelse af arbejdere i produktionen og menneskehandel. Disse kvinder bruger Kalis kraft til at ødelægge undertrykkende strukturer og opbygge et mere fair og retfærdigt samfund, fordi de er dybt medfølende og motiverede af retfærdighed.

At bringe seksuel menneskehandel frem i lyset:

De damer, der modigt afslører menneskehandelens fordærv, er manifestationer af Kalis vrede. Deres ubarmhjertige engagement i at holde gerningsmændene ansvarlige og befri ofrene fra udnyttelse er i overensstemmelse med Kalis pligt som de svages vogter.

Modstand mod industrielt landbrug:

Kampen mod industrielle landbrugsmetoder, der skader miljøet og mishandler dyr, er den måde, hvorpå Kalis destruktive magt kommer til udtryk. Ligesom Kali tøver disse kvinder ikke med at tage kampen op mod stærke virksomheder og kræve en mere medmenneskelig og økologisk måde at producere fødevarer på.

At tage udnyttelse af arbejdskraft alvorligt:

De kvinder, der kæmper mod udnyttelse af arbejdskraft i industrien og fremmer retfærdige arbejdsstandarder, er en afspejling af Kalis urokkelige ånd. Deres urokkelige stræben efter retfærdighed for arbejdere minder om Kalis dedikation til at omstyrte undertrykkende strukturer.

Gennem deres kampe repræsenterer kvinderne Kalis dobbelthed og viser både deres kreative evne til at skabe en bedre verden og deres destruktive kraft til at vælte dårlige institutioner. De nedbryder ikke kun forhindringer, men skaber også plads til en ny start og et samfund, hvor alle behandles med respekt og menneskerettigheder.

Den sublime opvågning af Kali:

Når Kalis destruktive kraft bruges til noget godt, træder hun frem i sin storslåede form. Under ledelse af disse kvindelige aktivister bliver Kalis raseri til en kraft for retfærdighed, og hendes død fungerer som en gnist for forandring.

Deres uophørlige indsats er mere end blot modstandshandlinger; de taler om en dyb længsel efter en verden befriet fra Kalis destruktive kraft, hvor kreativitet og bevarelse kan trives uden evig fare for udslettelse.

Disse damer eksemplificerer Kalis evne til at transformere og viser, at selv i lyset af overvældende uklarhed er det muligt at skabe et samfund, hvor Kalis destruktive element er afløst, og hendes kreative kraft kan triumfere.

Kali kan lære dig at kanalisere kraft, så du kan identificere, integrere og dybt respektere forandringens kræfter, selv den forandring, der er fremkaldt af dit møde med verdens negative energier.

At lære at identificere skygge-Kali er det første skridt i enhver proces med at integrere hende, og som jeg tidligere har sagt, sker det sjældent, før der er en eller anden form for indre eller ydre stress. Det kræver et sammenbrud fra tid til anden, før vi kan se vores skygge-Kali.

Vi søger Kali, når vi opdager, at vi lever i modstrid med aspekter af os selv, som vi ikke helt forstår eller anerkender.

Kali er en kraftfuld transformationsfigur, som repræsenterer uhæmmet energi, rå styrke og evnen til at skabe betydelige forandringer. At opbygge et forhold til Kali kan være en livsændrende oplevelse for dem, der søger spiritualitet, og som ønsker at se deres indre dæmoner i øjnene, frigøre sig fra begrænsende overbevisninger og realisere deres fulde potentiale.

Anerkendelse af Kalis transformationspotentiale:

Selv om mange mennesker misforstår og frygter Kalis destruktive element, er det netop denne kraft, der har evnen til at sætte gang i betydelige forandringer. Hendes destruktive energi handler ikke om tankeløs ødelæggelse; den handler snarere om at nedbryde de mure, der hindrer vores fremskridt, de falske overbevisninger, der skjuler vores egentlige identitet, og de forældede normer, der afholder os fra at leve vores liv.

Kalis kreative komponent er også ret kraftfuld; den symboliserer evnen til at skabe nye begyndelser. Når vi har ryddet rummet via disintegration, kan Kalis kreative energi komme op til overfladen og støtte udviklingen af nye ideer, nye forbindelser og en revitaliseret selvfølelse.

At udvikle et forhold til Kali via meditation:

At udvikle ærefrygt og respekt for Kalis kraft er det første skridt til at etablere en forbindelse med hende. Vær åben og parat til at se dit eget mørke i øjnene, når du nærmer dig hende.

Interager med billeder eller afbildninger af Kali, og læg mærke til hendes grusomme blik, kommanderende kropsholdning og symbolske træk. Undersøg hendes myter og fortællinger, og prøv at forstå den dybere betydning af det, hun gjorde.

Kali-invokation ved hjælp af et mantra:

Når du reciterer Kalis mantraer som "Om Jayanti Jayanti Maha Kali Kali" eller "Om Kali Ma Kali", hjælper det dig med at komme i kontakt med hendes ånd og genvække din indre styrke. Ved at gentage mantraet kan du koncentrere din energi og styrke din forbindelse til det guddommelige feminine, da det fremkalder en meditativ tilstand.

At acceptere Kali via skyggearbejde:

De dele af os selv, som vi undertrykker eller ignorerer, nogle gange på grund af frygt, skam eller tilpasning til sociale normer, symboliseres af Kalis skyggeside. De hemmelige dele af vores natur skal anerkendes og accepteres for at kunne omfavne Kalis mørke side fuldt ud.

Undersøg din vrede, dine bekymringer og din usikkerhed ved at skrive, reflektere og gå i terapi. Bring disse skjulte sider frem i lyset, og undersøg dem objektivt.

At inddrage Kali i hverdagens aktiviteter:

Når du kommer tættere på Kali, skal du se efter måder at leve dit liv på, som udviser alle hendes vidunderlige kvaliteter. Udvikl dit mod, din selvsikkerhed og din medfølelse med dig selv. Kommuniker autentisk din sandhed, stå op for det, du tror på, og vær venlig og forstående over for dig selv.

Husk, at Kali er en stærk ven på din vej til selvopdagelse og udvikling, ikke en kraft, du skal være bange for. Kali kan forvandle dit liv til et liv med ærlighed, kraft og formål, hvis du kan forbinde dig med hendes energi, omfavne hendes mørke side og inkorporere hendes gode træk i din eksistens.

FOR AT KOMMUNIKERE MED KALI

Ved at kommunikere med og udnytte hendes energi kan man få adgang til Kalis enorme forvandlingspotentiale på trods af den skræmmende karakter af hendes brændende og destruktive dele.

Fordele ved at tale med Kali:

Uanset om det er via meditation, introspektion eller kunstnerisk udtryk, har samværet med Kali mange fordele for dem, der stræber efter spiritualitet og personlig udvikling. Blandt disse fordele er:

Nedbrydning af begrænsende overbevisninger og mønstre: Kalis destruktive kraft kan hjælpe med at nedbryde de gamle mønstre, der forhindrer os i at leve rigtigt, samt de forhindringer og illusioner, der afholder os fra at se, hvem vi virkelig er.

Frigørelse af indre kraft og styrke: Ved at forbinde os med Kalis utæmmede, rå energi kan vi frigøre vores egne hemmelige lagre af styrke og kraft, hvilket vil give os mere beslutsomhed til at konfrontere vanskeligheder og overvinde barrierer på vores vej.

Omfavnelse af skyggearbejde og selvaccept: Ved at bringe vores begravede vrede, angst og usikkerhed frem i lyset hjælper Kalis skyggeside os med at få en bedre viden om, hvem vi er, og en stærkere evne til at acceptere, hvem vi er.

Brug af kreativitet til at skabe forandring: Kalis kreative side hjælper os med at skabe gode forandringer i vores liv ved at fremme udviklingen af nye koncepter, nye forbindelser og en revitaliseret selvfølelse.

Vigtigheden af at udnytte Kalis kraft:

Kalis energi er vigtigere end nogensinde i et samfund, hvor tyranni, magtforskelle og miljøforringelse er hverdagskost. Ved at bruge Kalis kraft kan vi:

Udfordre undertrykkende strukturer: Ved at bruge sin voldsomme og destruktive natur kan Kali kæmpe for retfærdighed ved at modsætte sig uretfærdige systemer og undertrykkende strukturer.

Beskyt de sårbare: De, der bliver mishandlet, udnyttet eller marginaliseret, kan få deres sikkerhed og velbefindende garanteret ved at påkalde Kalis beskyttende natur.

Opmuntre til miljøbevidsthed: Kalis tilknytning til livets cyklusser kan føre til en mere dybtgående erkendelse af, hvor sammenflettet vi er med miljøet, hvilket tilskynder til miljøvenlig adfærd og bevarelse.

Accepter vores egen vildskab: Kalis vilde energi tjener som en påmindelse om den styrke, vi besidder, og inspirerer os til at sætte grænser, forsvare vores rettigheder og leve modige liv.

At bruge Kali som en ansvarlig og respektabel kanal:

At forstå Kalis mange facetter og være dedikeret til at bruge hendes indflydelse til god forandring er forudsætninger for at kunne kanalisere hendes energi. Det er vigtigt, at vi nærmer os Kali med respekt, ydmyghed og en åbenhed over for vores egen skygge.

Kali er en stærk allieret, som bør æres og værdsættes; hun er ikke en kraft, der skal underkastes eller kontrolleres. Vi kan udnytte hendes revolutionære potentiale til at opbygge et mere retfærdigt, omsorgsfuldt og bæredygtigt samfund ved at kanalisere hendes energi på en ansvarlig og etisk måde.

Gennem denne guidede meditation vil du kunne mærke Kalis transformerende kraft og etablere en forbindelse med hendes energi.

Gør dig klar:

Find et fredeligt, hyggeligt sted, hvor du ikke bliver forstyrret.

Sæt eller læg dig i en behagelig stilling.

Luk øjnene, og træk vejret dybt i flere rensende åndedrag.

En visualisering:

Forestil dig, at du står foran en kulsort huleåbning. Der er energi og kraft i luften omkring dig.

Træd langsomt ind i hulen, og mærk den kølige, fugtige luft på din hud.

Hulen bliver mørkere, jo længere man kommer ind, men man føler sig ikke bange.

Der er et voldsomt bål i midten af hulen. Kali sidder foran ilden, og hendes uhyggelige skikkelse udstråler styrke og lidenskab.

At skabe et forhold:

Se Kali i øjnene og mærk hendes voldsomme blik på dig.

Din indre ild tændes af hendes energi, som pulserer gennem din krop.

Søg Kalis vejledning i dit indre øje, mens du går på din forvandlingsvej.

Ansigt til ansigt og frigivelse:

Giv Kali lov til at afsløre eventuelle begrænsende ideer, frygt eller angst, som du måske holder fast i.

Accepter disse sider af den, du er, og anerkend dem uden at dømme.

Når Kalis destruktive kraft nedbryder disse forhindringer og frigør dig fra deres greb, så mærk det.

Styrkelse og forvandling:

Mærk Kalis kreative energi oversvømme dig med liv og kraft.

Forestil dig, at du er den dristighed, selvsikkerhed og selvmedfølelse, som Kali legemliggør.

Når du kommer ud af hulen og føler dig stærkere og mere selvsikker og parat til at konfrontere verden udenfor, kan du mærke et sus af styrke og selvtillid.

Kombination og færdiggørelse:

Træk vejret dybt ind, og lad Kalis energi fylde dig et øjeblik.

Åbn langsomt øjnene, og lad Kalis tilstedeværelse blive en del af din hverdag.

Tak Kali for alle hendes råd og hjælp.

Husk, at dette kun er ment som en vejledning; du er velkommen til at ændre den, så den passer til dine egne krav og din egen smag. Det mest afgørende er at nærme sig Kali med ydmyghed, åbenhed og en vilje til at se sin egen skygge i øjnene. Med lidt øvelse kan du etablere et stærkt bånd til Kali og bruge hendes transformerende energi til at designe et liv, der er kraftfuldt, ægte og målrettet.

Til denne aktivitet skal du bruge en dagbog og en kuglepen. Sæt dig i en behagelig stilling, og overvej følgende spørgsmål.

Hvordan opfatter du Kalis skyggeformer i dit personlige liv?

Viser Kali sig i dit tonefald, den måde, du taler til din familie på, eller i din indre vrede og bitterhed? Er Kali, dit indre mørke, en rebel? Vred? Såret? Hvordan viser hun sig?

For at udføre denne aktivitet skal du vælge et øjeblik, hvor du er alene.

Tænd et stearinlys, og sørg for at have din notesbog og pen med dig. Mæt dit syn med et billede af Kali fra et hvilket som helst kunstværk.

Forestil dig, at hun står foran dig, hvis du lukker øjnene. Forestil dig hende med tre øjne, et smukt mørkeblåt eller sort ansigt og vildt hår.

Hendes hugtænder og lange tunge er synlige. Mærk den energi, hun afgiver. Mærk Kalis vitalitet strømme fra hendes tredje øje ind i dit hjerte, mens du trækker vejret.

Lad energien strømme gennem din krop, mens du ånder ud. Begynd at tale med hende nu.

Spørg Kali om de måder, hvorpå hun viser sig eller ønsker at manifestere sig i dig. "Hvem er du for mig, gudinde Kali?" lyder spørgsmålet. "Kan du fortælle mig, hvad du vil lære mig?" "Hvordan udtrykker du dig i mit liv?" siger fortælleren. "Hvordan føler du dig undertrykt?" "Kan du fortælle mig, hvordan og hvornår du kan hjælpe mig?" "Vil du gerne anerkendes eller udtrykkes via mig på nogen måde?"

Stil disse spørgsmål uden forudfattede meninger om, hvordan svarene vil fremkomme. Lav en liste over svarene. Du kan også skrive dine spørgsmål med din dominerende hånd og derefter skrive Kalis svar med din ikke-dominerende hånd. Skriv frit, og lad både spørgsmålene og løsningerne komme frem, som de vil.

Gennemgå det, du har skrevet, igen. Slut af med at sidde med Kalis energi, trække vejret ind og ud, mærke hendes Shakti strømme ind i dit hjerte og oplive din krop. Før derefter dagbog over dine tanker. Læg mærke til, hvordan din egen Kalis energi påvirker dig følelsesmæssigt og fysisk. Er der forskel på Kalis kraftfulde, energigivende form og de mørke Kali-karakteristika, du har mødt?

OFFERGAVER, DER SKAL OFRES

Talrige ritualer og aktiviteter er involveret i hendes tilbedelse, hvoraf nogle indebærer symbolsk ofring af dyr.

Betydningen af dyreofringer:

Den hinduistiske mytologi og tradition er rig på henvisninger til ofring af dyr til Kali. I fortællingen om Dakshas ofring er Kali rasende på sin mand, fordi han gør grin med hende, så hun smadrer de ofre, der skal ofres. Ikke desto mindre træder hendes ægtefælle Shiva til og beroliger hende, hvilket fører til dannelsen af dyreofre som et middel til at pacificere hende.

I symbolsk forstand er det at aflevere sine dårlige følelser og sit egoistiske selv til Kali symboliseret ved dyreofringer. Det dyr, der oftest ofres, er geden, som repræsenterer egoisme, tilknytning og begær. For at rense sit hjerte og intellekt opgiver den hengivne symbolsk disse sider af sig selv ved at ofre geden.

Mulige fordele ved Kali-dedikerede ritualer

Ritualer til ære for Kali har evnen til at give en række fordele for dem, der forfølger åndelig udvikling og fremgang. Blandt disse fordele er:

Nedbrydning af begrænsende overbevisninger og mønstre: At deltage i Kali-ritualer kan hjælpe med at fjerne de forhindringer, der står i vejen for os, de illusioner, der afholder os fra at se, hvem vi virkelig er, og de forældede mønstre, der afholder os fra at leve tro mod os selv.

Frigørelse af indre kraft og styrke: Vi kan få adgang til vores egne hemmelige lagre af styrke og kraft ved rituelt at forbinde os med Kalis rå, utæmmede energi. Det giver os evnen til at konfrontere vanskeligheder, overvinde barrierer og forfølge vores mål med større ihærdighed.

Omfavnelse af skyggearbejde og selvaccept: Kali-ritualer kan hjælpe os med at gennemgå processen med skyggearbejde, som inviterer os til at se vores inderste bekymringer, nag og usikkerhed i øjnene. Denne proces kan hjælpe os med at blive mere selvbevidste og i stand til at acceptere, hvem vi er.

Brug kreativitet til at udnytte transformation: Ritualer, der støtter udviklingen af nye ideer, nye forbindelser og en revitaliseret selvfølelse, kan hjælpe os med at udnytte Kalis kreative side og skabe gode forandringer i vores liv.

At betragte Kali-ritualer med ansvar og respekt:

Det er vigtigt at nærme sig Kali-ceremonier med ydmyghed, ærbødighed og en dedikation til at udnytte hendes kraft til det gode. Det er afgørende at forstå de dybere betydninger, der ligger i ritualerne, og at afholde sig fra enhver form for dyremishandling eller -skade.

Kali og hendes alterego-gudinder - Bhadrakali, Tara og andre - menes at kunne lide dyreofre, og der gives stadig geder til hende ved festivaler i visse områder af Indien.

På et dybere plan er den "ged", der skal ofres, egoistisk selvoptagethed, og en af Kalis gaver er hendes evne til at rense dit hjerte for dårlige følelser som begær, frygt, vrede og jalousi.

Mere end det, hun tilbyder en dybtgående frigørelse fra tilknytning, især tilknytning til personaens strukturer og det personlighedsidentificerede ego.

Det er en af grundene til, at det er almindeligt at tilbede Kali på kremeringssteder, hvor dødens tilstedeværelse tjener som en påmindelse om, at alle dine ønsker og din frygt vil forgå.

KALI VORES GURU

Når man nærmer sig hende med respekt og et åbent sind, kan Kali, den hinduistiske gudinde for skabelse, ødelæggelse og bevarelse, være en potent guru og åndelig lærer. Selv om hendes vilde og voldelige personlighed først er skræmmende, symboliserer den ikke desto mindre stor viden og transformationspotentiale.

Kali kan hjælpe os på følgende måder, når vi rejser på den åndelige vej:

Nedbrydning af barrierer og illusioner: Kalis destruktive komponent kan hjælpe os med at nedbryde de gamle vaner, der forhindrer os i at leve rigtigt, samt de barrierer og illusioner, der afholder os fra at se, hvem vi virkelig er. Hun kan hjælpe os med at bryde fri af selvpålagte begrænsninger og se igennem vores begrænsende forestillinger.

Frigørelse af indre kraft og styrke: Vi kan opdage vores egne latente kræfter og styrke ved at kanalisere Kalis utæmmede, primitive energi. Hun har magten til at motivere os til at sætte grænser, forsvare vores rettigheder og leve modige, virkelige liv.

Accept af skyggearbejde og selvaccept: Kalis skyggeaspekt udfordrer os til at se vores indre bekymringer, frygt og dårlige følelser i øjnene. Hun kan hjælpe os med at acceptere det gode og det dårlige i os selv, hvilket vil øge vores evne til at elske og passe på os selv samt vores viden om, hvem vi er.

Brug af kreativitet til at fremme transformation: Kalis kreative natur kan fremme udviklingen af nye koncepter, nye forbindelser og en revitaliseret selvfølelse. Hun kan motivere os til kunstnerisk at udtrykke, hvem vi virkelig er, og til at tiltrække gode ting ind i vores liv.

At navigere i livets forhindringer: Kali kan give retning og opmuntring, når vi står over for livets forhindringer. Hun kan give os mod og styrke til at konfrontere udfordrende omstændigheder og viljestyrke til at overvinde vejspærringer og skuffelser.

At have en forbindelse til det guddommelige feminine: Kali er legemliggørelsen af det guddommeligt feminines utæmmede, uforfalskede kraft. At genvinde vores egen feminine styrke og få adgang til vores indre viden og intuition kan blive lettere ved at etablere en forbindelse til hende.

Opvågning af spirituel viden: Kali har magt til at hjælpe os på vej mod selvindsigt og udvikling ved at vække vores åndelige bevidsthed. Hun kan hjælpe os med at opleve livets dybe sandheder og etablere en forbindelse til vores højere selv.

HENDES BETYDNING OG lærdom rækker langt ud over hendes voldelige og destruktive sider og omfatter et bredt spektrum af intellektuelle og spirituelle ideer.

1. Anerkendelse af, at tilværelsen er cyklisk

Det cykliske aspekt af eksistensen, den uendelige dans mellem skabelse og ødelæggelse, er personificeret af Kali. Hun tjener som en påmindelse om, at afslutninger ikke er et tegn på fiasko, men snarere en forudsætning for nye begyndelser.

2. Modgang og metamorfose

Kalis destruktive kraft står for behovet for at se vores indre dæmoner, begrænsende overbevisninger og forhindringer i øjnene. Vi kan opleve en dyb metamorfose og komme ud af det stærkere, klogere og mere ægte, når vi ser vores mørke i øjnene.

3. Accept af ubearbejdede følelser og skyggearbejde

Kalis utæmmede natur inviterer os til at omfavne vores rå følelser, herunder frygt, had og vrede. Hun opfordrer os til at møde vores skyggesider med medfølelse og forståelse i stedet for fordømmelse eller undertrykkelse.

4. Frigørelse af styrke og indre kraft

Kalis rå kraft er et symbol på det potentiale, der ligger latent i os alle. Hun opfordrer os til at finde vores indre mod, styrke og udholdenhed for at overvinde forhindringer og nå vores mål.

5. Emancipation og selvbevidsthed

Kalis ultimative formål er at befri os fra egoets, frygtens og uvidenhedens bånd. Hun fører os til oplysning og frihed ved at guide os på en rejse med selvrealisering og selvopdagelse.

6. At forholde sig til det hellige feminine

Kali er legemliggørelsen af det guddommelige feminine i al sin rå, utæmmede og voldsomme skønhed. Hun inspirerer os til at omfavne vores egen feminine natur ved at minde os om den styrke og visdom, der findes i det feminine princip.

7. Ære jorden og universet

Kali har stærke bånd til de kosmiske kræfter, der styrer den naturlige verden. Hun indgyder os værdier som ærbødighed og respekt for den naturlige verden og understreger, hvor sammenvævet alting er.

8. At leve et modigt og autentisk liv

Vi bliver inspireret af Kalis lektioner til at leve sandt, forsvare vores overbevisninger og møde livets forhindringer med mod og udholdenhed. Hun opfordrer os til at afsløre vores egentlige jeg og tage masken af.

9. Venlighed og hjælp til andre

Kali er en fyrig gudinde, men hun er også en venlig gudinde. Hun er en påmindelse om vores behov for at tage os af hinanden, mindske lidelse og kæmpe for et mere fair og retfærdigt samfund.

10. Ultimativ transcendens og virkelighed

Kalis ultimative essens er uforståelig for os. Hun står for den ultimative sandhed, oprindelsen til alt, hvad der er skabt og ødelagt. Vi kan se ud over egoets grænser og få et glimt af det guddommelige ved at skabe en forbindelse til Kali.

HINDUISTISKE TEKSTER, der viser Kalis lære:

FRA PURANA AF DEVI-Bhagavata:

"Kali er ødelæggeren af al frygt, giveren af alle velsignelser og beskytteren af alle hengivne."

I MARKANDEYA PURANA står der:

"Kali er oprindelsen til al skabelse og ødelæggelse, kosmos' moder. Hun er alfa og omega, begyndelsen og enden."

FRA KALIKA PURANA:

"Kali er den, der fordriver uvidenhed og dysterhed. Hun er det lys, der udgår fra alt levende.

FRA MAHANIRVANA-TANTRAEN:

"Kali er den tomhed, der føder hele skabelsen; det er den ultimative virkelighed. Hun er oprindelsen til al visdom og styrke."

FRA TRIPURA RAHASYA:

"Kali er kærlighedens og medfølelsens gudinde. Vi bliver befriet fra cyklussen af fødsel og død af hende.

Disse citater giver et indblik i den dybe lære om Kali, den destruktive og transformerende gudinde, som på samme tid er rasende og sympatisk. Vi kan begive os ud på en vej til selvindsigt, frihed og oplysning ved at skabe en forbindelse til Kali.

Et paradoksalt spørgsmål, der udforsker den åndelige undervisnings natur og dynamikken mellem guruen og den studerende, er: "Hvorfor kan Kali Maa ikke selv være guru for Aghoras?" Det indebærer, at Aghoras, en gruppe asketer, der er anerkendt for deres nonkonformistiske ritualer, ikke kan have Kali Maa, den rasende hinduistiske gudinde for skabelse, ødelæggelse og bevarelse, som deres direkte mester, fordi de skal opleve hendes transformerende og destruktive kraft på første hånd.

Erklæringen understreger Kali Maas dobbelte karakter som en destruktiv kraft og en venlig vogter. Selv om hun kan beskytte og vejlede dem, der søger hende, er den bedste måde at forstå hendes sande natur på at opleve hendes forvandlingskraft på første hånd. Med deres utraditionelle metoder ønsker Aghoras at stå direkte over for Kali

Maas uforfalskede, rå energi og undgå nødvendigheden af en guru som mellemmand.

Udtrykket henviser også til ideen om Śabda Brahmān, den første lydvibration, som kosmos stammer fra. Som den fysiske manifestation af Śabda Brahmān står Kali Maa for den ultimative kilde til visdom og forståelse. Ikke desto mindre kræver denne forståelse direkte erfaring og erkendelse; den kan ikke forstås fuldstændigt rationelt.

Aghoraerne stræber efter at overskride grænserne for viden og få et førstehåndsmøde med Kali Maas visdom via deres strenge og transformerende praksis. De tror, at de kan overvinde deres egoistiske bindinger og opnå en tilstand af frihed ved at møde hendes ødelæggende magt.

Ordsproget "For at tilbede Kālīkā må man lade sig vejlede af Kālī Mā" antyder, at selvom Kali Maa er den ultimative lærer, er det ikke alle aspiranter, der er i stand til at henvende sig direkte til hende. Tilbedere af Kali Maa har brug for vejledning fra nogen, der har mødt hendes kraft og er i stand til at hjælpe dem med at overvinde forhindringerne på hendes vej.

De, der ønsker at komme i kontakt med Kali Maas transformerende og destruktive kraft, kan have gavn af vejledning fra Aghoras, som har en dyb forståelse af hendes natur. De kan give vejledning i, hvordan man indarbejder hendes lektioner i sit liv, og hjælpe søgende med at blive klar til intensiteten af hendes energi.

Sætningen tjener grundlæggende som en påmindelse om, at det ikke altid er en let opgave at modtage åndelig vejledning. Selv om det kan være svært eller smertefuldt, kan førstehåndserfaring nogle gange lære os de vigtigste ting. Aghoraerne repræsenterer denne idé og er en særlig vej til åndelig udvikling, fordi de er parate til at møde Kali Maas uforfalskede styrke.

KALIS EVIGE FLAME

Kali-tilbedelsesceremoni: Ændring af negative holdninger

Gør dig klar

Vælg et behageligt, fredeligt område, hvor du ikke bliver forstyrret.

Sørg for, at du har tid nok til at afslutte ceremonien uden forsinkelser.

Tilføj et tændt stearinlys eller et andet ildsymbol for at symbolisere Kalis forvandlingskraft.

Klæd dig komfortabelt på, så du kan gå rundt og slappe af.

Opfordring til bøn og refleksion

Sid behageligt i en stilling, der fremmer ro og koncentration til at begynde med.

Luk øjnene, træk vejret dybt mange gange, og lad krop og tanker slappe af.

Husk de dårlige vaner, der står i vejen for din lykke, kærlighed, visdom og frihed, og dem, du gerne vil ændre.

Betragt dine ideer, følelser og adfærd som en afspejling af disse tilbøjeligheder.

Erkend, hvordan disse tilbøjeligheder påvirker dit liv og dine relationer.

Transformation og visualisering

Forestil dig, at Kali står foran dig og stirrer på dig med et voldsomt, men venligt blik.

Forestil dig en ild foran hende, som flammer voldsomt, og som funkler i strålende farver.

Bøj dig for Kali med ægte respekt og indse hendes evne til at forandre og befri.

Vælg en af de tidligere anerkendte ugunstige tilbøjeligheder.

Forestil dig denne tilbøjelighed som et tæppe af mørke, der dækker hele din krop og skjuler dit indre lys.

Skræl forsigtigt dette dække for at afdække den rene essens nedenunder.

Kast resolut kluden ind i de brændende flammer, og se den fordampe i den blå luft.

Gentag disse trin for hver ugunstig tendens, du vil ændre.

Se, hvad der sker indeni dig, når du giver slip på disse byrder.

Forening og bevidsthed

Vågn blidt op og integrer kendskabet til Kalis forvandlingskraft i din hverdag.

Vær opmærksom på eventuelle ændringer i din følelsesmæssige tilstand, sociale interaktioner og opfattelser af begivenheder.

Anerkend, at det at slippe indgroede vaner kan få intense følelser til at dukke op til overfladen.

Forestil dig, at disse stærke følelser kastes ind i Kalis ild, hvor de smelter væk og bliver til en kilde til kraft.

Fortsæt med at praktisere denne ceremoni regelmæssigt for at styrke din forbindelse til Kali og hendes transformerende kraft.

Efterbehandling

Tak Kali for al hendes hjælp og støtte i din søgen efter selvforbedring.

Inkorporer Kalis tilstedeværelse i alle dine daglige interaktioner og valg.

Accepter de vanskeligheder, der kommer, når du giver slip på begrænsende ideer og adfærd.

Glem aldrig, at du altid kan bruge Kalis transformerende kraft til at hjælpe dig med at leve et liv fyldt med frihed, kærlighed og autenticitet.

Der er mange spirituelle fordele ved Kali-tilbedelsesritualet: Transforming Negative Tendencies, som kan forbedre ens velbefindende og personlige udvikling. Følgende er nogle få særlige og dybdegående spirituelle fordele ved dette ritual:

1. Forbedret selvaccept og selvbevidsthed:

Fordi ritualet er introspektivt, opfordrer det dig til at blive dybt bevidst om dig selv og genkende eventuelle dårlige tilbøjeligheder, der står i vejen for din åndelige udvikling. Når du først er klar over disse mønstre, kan du begynde at omfavne dem som dele af dig selv, der skal ændres i stedet for at blive undertrykt.

2. Giv slip på begrænsende overbevisninger og negative følelser:

Fjernelsen af denne følelsesmæssige bagage symboliseres ved at se dårlige tilbøjeligheder som ligklæder, der kastes ind i Kalis ild. Gennem denne proces frigøres selvbegrænsende vaner og overbevisninger, så du bliver i stand til at tænke mere positivt og kraftfuldt.

3. At kontrollere følelser og finde indre ro:

Ritualet fremmer følelsesmæssig kontrol og indre ro ved at se uønskede følelser i øjnene og give slip på dem. Det gør dig i stand til at håndtere og give slip på undertrykte følelser, hvilket resulterer i en mere fattet og rolig følelsesmæssig tilstand.

4. Forbedret forhold til Kalis transformerende kraft:

Dit forhold til Kali, den hinduistiske gudinde for skabelse, ødelæggelse og bevarelse, styrkes af ceremonien. Du kan forbinde dig med Kalis transformerende og frigørende kraft ved at påkalde hendes tilstedeværelse og overgive dine dårlige tilbøjeligheder til hendes transformerende ild.

5. Forbedret spirituel vejledning og intuition:

Du kan føle dig mere åndeligt vejledt og få større indsigt, når du er på linje med Kalis energi. Du vil være bedre i stand til at træffe valg, håndtere forhindringer i livet med større klarhed og rette dine aktiviteter mod dit højere formål som følge heraf.

6. Øget selvkærlighed og medfølelse:

Der kan opstå større selvkærlighed og medfølelse, når man giver slip på negative tilbøjeligheder. Du udvikler en større følelse af empati og medfølelse, når du giver slip på selvkritik og fordømmelse, hvilket gør dig mere tolerant over for både dig selv og andre mennesker.

7. Forbedret ægthed og individuel udvikling:

Ritualet hjælper dig med at give slip på de begrænsninger og masker, der forhindrer dig i at være den, du virkelig er. Negative vaner skal væk for at give plads til personlig udvikling, som gør dig i stand til at udtrykke, hvem du virkelig er, og følge dine ægte interesser.

8. Frihed fra smerte og tilbagefald:

I sidste ende synkroniserer ceremonien dig med Kalis rejse for at frigøre dig fra smerte og genfødselscyklussen (samsara). Du kan komme tættere på oplysning og frigørelse fra egoets begrænsninger ved at give slip på dårlige tilbøjeligheder og acceptere Kalis transformerende kraft.

FOR AT LÆRE KALIS GÅDE AT KENDE

Afsløring af Kalis mysterier: En ekspedition ind i frigørelsens kerne Den mystiske hinduistiske gudinde Kali, som forbindes med skabelse, ødelæggelse og bevarelse, har længe betaget og fascineret dem, der søger efter åndelig sandhed. Hendes voldsomme udseende, vilde ånd og forbindelse til døden kan indgyde frygt og forvirring, men under hendes skræmmende facade gemmer der sig en dyb viden og en transformerende kraft.

For virkelig at forstå Kali må man gå under overfladen og udforske dybderne af hendes mystiske væsen. At acceptere livets cykliske natur, se sit indre mørke i øjnene og underkaste sig opløsningens transformerende kraft er alle nødvendige skridt på denne vej.

Undersøgelse af skyggearbejdets spejl

Hemmeligheden bag Kalis forvandlingskraft er hendes evne til at afsløre de dårlige vaner og begrænsende overbevisninger, der hæmmer vores åndelige udvikling, samt vores skjulte skygger. Vi kan begynde at helbrede de ar, der giver næring til vores skyggevrede, og frigøre os fra dens destruktive greb om vores liv ved at se vores skyggevrede i øjnene.

Kalis manifestation i naturen, som ofte tager form af voldsomme storme, jordskælv og skovbrande, er en tankevækkende påmindelse om altings forgængelighed. Selv om de virker kaotiske, er disse naturlige omvæltninger en vigtig del af skabelsens og ødelæggelsens cyklus, fordi de giver plads til, at nyt liv kan opstå af asken.

Anerkendelse af Black Light's gådefuldhed

Kalis sorthed er en metafor for det ultimative mysterium, den ukendte intethed, hvorfra al skabelse kommer, ikke for negativitet eller dysterhed. Det er fødestedet for mørkt lys, kilden til ubegrænsede muligheder og potentiale.

Ved at forbinde os med Kalis energi på et dybt niveau kan vi begynde at fornemme den subtile tilstedeværelse, der ligger under hendes brændende ydre - en tilstedeværelse, der afspejler den fred og ro, der findes i vores egne sjæle. Hendes dødbringende våben, som står for hendes evne til at bryde tilknytninger, kan ses som befriende redskaber, der peger os i retning af en enhed, der overskrider egoistiske grænser.

Sammenbrud og vejen til enhed

Kalis revolutionære kraft er drevet af en dyb kærlighed til menneskeheden snarere end fjendtlighed eller vold. For at bringe os tilbage til den ultimative virkelighed om, hvem vi er, arbejder hun på at nedbryde de systemer og vrangforestillinger, der holder os fanget i den cyklus af fødsel, død og reinkarnation, der kaldes samsara.

Evnen til at fokusere indad og opløse forhindringer mellem det individuelle og det universelle selv symboliseres af yogiens Kali. Ved dyb meditation kan vi blive ét med den uendelige energi i vores kerne og overskride grænserne for krop, sind og følelser.

Den komplette enheds tiltrækningskraft

Den ultimative enheds magnetiske tiltrækning, den overbevisende kraft, der trækker os tilbage til vores oprindelige natur, er essensen af Kali. Det er selvets skrig, der længes efter at blive befriet fra dualitetens vildfarelse og omfavne den uendelige kærlighed og enhed, som er essensen af alt.

At kende Kali handler om at acceptere det mysterium, hun er, og ikke om at forstå alle hendes facetter. Det handler om at anerkende hendes transformerende kraft i os selv og lade hende føre os til den ultimative selvrealisering, frigørelse og enhed.

DEN UENDELIGE TOMHEDS GUDINDE

Den hinduistiske gudinde Kali, som også er kendt som gudinden for skabelse, ødelæggelse og bevarelse, forbindes ofte med voldsom energi, intens lidenskab og det cykliske aspekt af livet. Men bag alt dette er der et dybt og transformerende tomrum, et stort rum uden for form, erkendelse og ego.

Det komplette mørke:

Verset indkapsler på passende vis Kalis natur som det store tomrum, det grænseløse tomrum, der er grundlaget for al skabelse. Egoets sammenbrud og opdagelsen af det egentlige Selv afspejles i forfatterens oplevelse af at smelte sammen med mørket en måneløs nat i bjergene.

De linjer, der adskiller personen fra kosmos, forsvinder i denne tilstand af fuldstændigt mørke og efterlader kun en bankende energi, der forener alle levende ting, og en ren følelse af livskraft. Dette er essensen af Kalis altopslugende, betingelsesløse og grænseløse kærlighed.

Befrielsesparadokset:

I betragtning af hendes forhold til intetheden kan Kalis vilde hår, hektiske dansetrin og flagrende lemmer virke selvmodsigende. Ikke desto mindre står disse komponenter for hele frigørelsen fra formens og egoets grænser.

Bevægelsen "Frygt ikke", som ofte forbindes med Kali, fremhæver denne frihed endnu mere. Tomheden tjener som en påmindelse om, at der ikke er noget at være bange for, da det er i dens grænseløse udstrækning, at vi virkelig opdager friheden fra de illusioner, der fængsler os.

Inde i himlen:

Den indre himmel, den uendelige udstrækning, der afspejler størrelsen af den ydre verden, er veltalende beskrevet i dette afsnit. Vi kan opdage friheden fra tidens og karmas begrænsninger på denne indre himmel.

Vi når en tilstand af fuldstændig frigørelse, når vores tanker forsvinder, og vi indser, at der bare er stille indeni. At indse vores medfødte buddha-natur er den egentlige betydning af oplysning.

Kali som frigørelsesguide:

Den grænseløse intetheds gudinde, Kali, er en potent mentor på vejen til frigørelse. Hendes intense energi kan hjælpe os med at se vores indre dæmoner i øjnene, fordrive selvbegrænsende ideer og undslippe egoets bånd.

Ved at skabe en forbindelse til Kali kan vi acceptere, at livet er cyklisk, og forstå, at ødelæggelse er et nødvendigt første skridt på vejen til skabelse snarere end slutningen. Vi kan acceptere forandring og forgængelighed og finde ro i lyset af det ved at have denne indsigt.

Nøglen til Kalis forvandlingskraft er hendes evne til at lede os hen over egoets og sindets grænser. Vi kan finde det egentlige Selv, et uendeligt ubegrænset og evigt frit Selv, ved at overgive os til hendes enorme intethed.

Kali-meditationsritual: Omfavnelse af det uendelige tomrum

Forberedelse:

Vælg et roligt og behageligt sted, hvor du ikke bliver forstyrret.

Sørg for, at du har god tid til at gennemføre meditationen uden afbrydelser.

Tag behageligt tøj på, som gør det nemt at bevæge sig og slappe af.

Påkaldelse af Kalis nærvær:

Tænd et stearinlys eller en anden form for ildrepræsentation, som symboliserer Kalis transformerende kraft.

Sid behageligt i en stilling, der giver mulighed for stilhed og fokus.

Luk øjnene og tag et par dybe indåndinger, så krop og sind kan slappe af.

Tænk på billedet af Kali, hendes hårde, men medfølende blik på dig.

Mærk hendes tilstedeværelse omslutte dig og tilbyde dig støtte og vejledning på din rejse ind i tomrummet.

Visualisering af uendeligt mørke:

Forestil dig et stort, grænseløst område af mørke, der strækker sig uendeligt i alle retninger.

Tillad dig selv at være helt nedsænket i dette mørke og overgive dig til dets enorme omfang.

Mærk, hvordan mørket gennemtrænger hele dit væsen og opløser din følelse af adskillelse.

Træk vejret ind og ud, og mærk, hvordan mørket strømmer gennem din krop og forbinder dig med det uendelige.

Frigørelse af begrænsende overbevisninger:

Når du trækker vejret ind, skal du visualisere eventuelle begrænsende overbevisninger eller negative tanker, der opstår.

Med hver udånding giver du slip på disse tanker og lader dem opløses i mørket.

Fortsæt denne proces, og slip alle mentale barrierer, der holder dig tilbage fra at omfavne tomrummet fuldt ud.

At overgive sig til tomrummet:

Tillad dit sind at blive stille og observere de tankcr og følelser, der opstår, uden at dømme.

Mærk, hvordan mørket omslutter din bevidsthed og opløser grænserne mellem dig selv og andre.

Overgiv dig til tomrummets enorme størrelse, og omfavn tomheden som en kilde til fred og befrielse.

Integration og transformation:

Åbn langsomt øjnene, og tag bevidstheden om tomrummet med ind i dit daglige liv.

Læg mærke til eventuelle ændringer i din opfattelse, dine tanker og følelser i de kommende dage.

Læg mærke til, hvordan tomrummet bliver en kilde til styrke, modstandskraft og indre fred.

Husk, at Kali altid er med dig og guider dig på din vej mod frigørelse og forvandling.

TILBEDELSE AF KALI

Afsløring af de forskellige facetter af det guddommelige feminine i Kali-tilbedelse

Den hinduistiske gudinde Kali, som forbindes med ødelæggelse, skabelse og bevarelse, er en kompleks figur, som beundres for sin rå lidenskab, brændende styrke og evne til transformation. Hendes hengivenhed, som har sine rødder i hinduismen, kommer til udtryk gennem en række ritualer og skikke, som hver især repræsenterer en forskellig facet af hendes guddommelige essens.

1. Tantrisk Kali-tilbedelse: At acceptere det uforfalskede og rå

Tilbedelse af tantriske Kali udforsker de dybe og mystiske facetter af hendes essens og understreger de egoistiske begrænsninger, der opløses, og mørkets transformerende kraft. For at komme i kontakt med Kalis utæmmede rå energi bruger udøverne strenge spirituelle teknikker som mantraer, visualisering og meditation.

2. Tilbedelse af Dakshina Kali: Hengivenhed og underkastelse til modergudinden

Tilbedelse af Dakshina Kali understreger hendes omsorgsfulde og medfølende kvaliteter og anerkender hende som den himmelske mor, der vogter og leder sine tilhængere. Denne form for tilbedelse er centreret om bønner, sang og rituelle ofringer som en måde at vise taknemmelighed og bede Kalis moder om fordele.

3. Tilbedelse af Adya Kali: Skabelsens ældgamle oprindelse

Adya Kali-tilbedelse anerkender Kali som den umanifesterede guddommelige kvindelighed, hvorfra kosmos udsprang, og som den oprindelige kilde til al skabelse. Udøverne ser Kali som den højeste kilde til bevidsthed og kraft og søger at harmonisere med hendes iboende natur.

4. Smashana Kali-tilbedelse: At se forvandling og død i øjnene

Tilbedelse af Smashana Kali, der er forbundet med kirkegårde, ser døden og forgængeligheden i øjnene som et middel til at skabe åndelig udvikling. På kirkegårde eller i symbolske repræsentationer af kremeringssteder udfører udøvere ritualer i et forsøg på at frigøre sig fra frygt og deres forpligtelse over for den materielle verden.

5. Tilbedelse af Raksha Kali: Forsvar mod tørke og epidemier

Tilbedere af Raksha Kali beder Kali om beskyttelse i vanskelige tider, især under tørke og epidemier. Kali påkaldes af landsbygrupper og enkeltpersoner som en beskyttende kraft mod sygdom, en garanti for tilstrækkelig regn og et forsvar mod farer.

6. Tilbedelse af Bhadra Kali: Venlighed og indre fred

Når man tilbeder Bhadra Kali, respekterer man hendes medfølende og lykkebringende kvaliteter og beder om hendes velsignelser for indre ro, harmoni og stilhed. Tilbedere udfører ritualer og bønner i et forsøg på at fremme disse egenskaber i både deres samfund og hos dem selv.

7. Den mystiske og hemmelige praksis med Guhya Kali-tilbedelse

Hahaha Kali-tilbedelse, der ofte er indhyllet i mystik, graver i de hemmelige og esoteriske dele af Kalis essens og undersøger bevidsthedens dybder og verdens mysterier. Udøverne gennemfører intense spirituelle ritualer for at få adgang til livets mysterier og etablere en forbindelse til Kalis dybe viden.

8. Hamsa Kali-tilbedelse: Den transcendente guddommelige lyd

Tilbedelse af Hamsa Kali er centreret om lyden af "Ham", den første vibration, som kosmos blev født af. Med den hensigt at forbinde sig med Kalis transcendentale essens og transcendens af den materielle verden synger udøverne mantraet "Ham" og reflekterer over dets symbolske betydning.

9. Tilbedelse af Shyama Kali: Den mystiske og mørke gudinde

Shyama Kali devotion respekterer Kalis mørke og mystiske elementer og anerkender hendes forbindelse til det ukendte og det ubevidste sinds dybder. For at kunne se mørket i sig selv som en kilde til forandring og uudnyttet potentiale arbejder udøverne på at forstå og acceptere det.

10. Kalasankarshini Kali-tilbedelse: Den kosmiske danser og ødelægger

I Kalasankarshini Kali-tilbedelse ses Kali som den kosmiske danser, der bruger sin rytmiske dans til både at skabe og ødelægge verdener. Udøvere kontemplerer over hendes kosmiske dans og indser livets cykliske mønster og balancen mellem skabelse og ødelæggelse.

Disse forskellige former for Kali-tilbedelse repræsenterer gudindens flerdimensionelle essens, der omfatter hendes brændende kraft, medfølende kærlighed og transformerende potentiale. Gennem disse aktiviteter søger tilhængerne vejledning, beskyttelse, frihed og en større forståelse af livets hemmeligheder.

Kali-tilbedelse starter med at påkalde Kalis guddommelige form, komplet med alle hendes guddommelige kvaliteter, og derefter påkaldelse med gaver, der glæder hende, såsom mad, blomster, røgelse, tøj og musik.

I tråd med begrebet dedikation tillægges ritualets følelsesmæssige dybde større vægt end ceremoniens detaljer. Målet med Kali-tilbedelse i den moderne kultur er at opnå gudindens gunst i både åndelige og økonomiske anliggender.

Sadhakaer, tilhængere af tantrik-ordenen, udfører langt mere udførlige og komplekse ritualer, der påkalder Kali, herunder bevidst afvisning af alt vedisk og inddragelse af objekter og aktiviteter, der generelt anses for at være uheldige, såsom kød, blod, alkohol, stoffer, kranier, begravelsesaske, døde kroppe og sex. Som shakti-medier til at realisere gudinden har kvinder en afgørende rolle i ceremonierne.

Målet med disse ceremonier er ikke at chokere et konservativt publikum, men at bryde igennem den samfundsmæssige konditionering, der kan fungere som en mental lænke for åndeligt søgende.

For en hindu er det at bryde mad- eller adfærdstabuer, enten symbolsk eller bogstaveligt, en metode til at ryste de rene og pæne antagelser om samfundets stivhed af sig og vågne op til et nyt bevidsthedsniveau.

Først da vil sadhakaen være i stand til at nå sit dobbelte mål om åndelig oplysning og okkult kraft.

For at vise sin fortjeneste skal sadhakaen først opfylde alle guruens krav, før han udfører ceremonien. Derefter indvier guruen ham i ordenen og forbereder ham følelsesmæssigt og fysisk på gudindens indtræden og den viden, der vil følge.

Uden denne diksha risikerer sadhakaen at blive skræmt af ritualerne, drevet til vanvid af visionerne eller at konkludere, at ritualerne er en tilladelse til at bryde normerne for civiliseret adfærd.

Anvisningerne er forskellige fra det ene skrift til det andet og fra den ene guru til den anden. Sadhakas rituelle praksis er ekstremt tilpasset hans eller hendes behov, men de omfatter altid brugen af yantraer og mantraer, som er rituelle diagrammer og chants.

Tantra-baseret tilbedelse.

Udtrykket 'tantra' bruges til at beskrive både et filosofisk system og dets ceremonielle procedurer. Tantra-skolen bruger rituel praksis på samme måde, som hinduismens Bhakti-skole bruger følelser, Gyan-skolen bruger intellekt, og Karma-skolen bruger social adfærd til at opleve det guddommelige.

I modsætning til puja, hvor stemningen omkring ritualet er større end selve ceremonien, understreger tantra vigtigheden af de rituelle detaljer.

Følgende er en liste med instruktioner fra Kali Tantra-teksten.

For overskuelighedens skyld er alle superlativer fjernet.

Vær opmærksom på, at tantrikinstruktioner varierer afhængigt af ritualets tid og sted samt instruktørens og elevens personlighed.

Der er ikke et sæt instruktioner, som alle følger.

Det følgende er citater fra manuskriptets herskende gud, som guruen taler gennem:

Nu vil jeg fortælle dig om det rituelle påbud, der vil hjælpe dig med at realisere Kali. Det forvandler en person til Bhairava.

Først vil jeg gerne tale om yantra, hvis forståelse er i stand til at besejre døden. Lav først en trekant på det hellige alter. Lav en ny tegning udenfor. Tegn derefter yderligere tre trekanter. Lav en cirkel og derefter en smuk lotus. Lav så endnu en cirkel og omring den med fire indgange i en firkant. Tilbed guruen, kroppens seks lemmer og retningens beskyttere.

Læg derefter dit hoved ved guruens fødder. Placer offeret på alteret, når du har tilbedt det. Mantraet skal placeres i hver af de seks lemmer.

Så blomstrer den ultimative hellighed i hjertet. Ved at kalde på hende med dit åndedræt placerer du hende i yantraens centrum. Dediker de ceremonielle offergaver efter at have mediteret på den store gudinde. Når du har bøjet dig for Mahadevi, skal du ære de omkringliggende guddomme.

I de to første trekanter skal du tilbede Kali, Kapalini, Kulla, Kurukulla, Virodhini og Vipracitta. Den tredje trekant indeholder Ugra, Ugraprabha og Dipta. Den yderste trekant består af Nila, Ghana og Balaka.

Derefter, inde i denne trekant, Matra, Mudra og Mita, og til sidst den meget mørke, der svinger sværdet, dekoreret med menneskekranier, med sin venstre hånd, der laver en truende mudra og et rent grin. Brahmi, Narayani, Maheshvari, Chamunda, Kaumari, Aparajita, Varahi og Narasimhi er de otte mødre, der skal æres.

Giv disse guddomme lige store mængder dyreofre og hengivenhed, salv dem med duft og giv dem røgelse og ild. Brug rodmantraet til at tilbede Devi, når du er færdig med pujaen. Fortsæt med at fodre Devi regelmæssigt.

Ti gange bør sadhakaen give en flamme. Som følge heraf bør du ifølge de ceremonielle regler også give blomster sammen med mantraet. Reciter mantraet 1008 gange efter at have mediteret på Devi.

Læg det lys, der kommer ved at recitere, i hænderne på Devi. Hils hende, når du har sat blomsten på hendes hoved. Tør derefter yantraen ud med fuldstændig dedikation.

Yantra-baseret tilbedelse.

I tantra er yantraer geometriske abstraktioner af guddommelighed, som bruges til meditation og tilbedelse. Kali-tantraen beskriver, hvordan man designer en Kali-yantra: "Først vil jeg gerne diskutere [Kali-]yantraen, som, når den forstås, besejrer døden. Lav først en trekant.

Lav en ny tegning udenfor. Tegn derefter yderligere tre trekanter. Lav først en cirkel, så en dejlig lotus [med otte kronblade]. Lav så endnu en cirkel, efterfulgt af en bhupura med fire linjer og fire indgange. Fem nedadpegende trekanter er lagt oven på hinanden i Kalis yantra.

På forskellige dage med aftagende måne symboliserer hvert punkt en af de femten former for Kali, der tilbedes. En lotus med otte kronblade omkranser de fem trekanter. Den kopulerende duo Bhairava og Bhairavi bor i hvert kronblad.

Denne lotus er indkapslet i en firkantet bhupura, eller indhegning, som fører til yantraen via fire porte.

En yantra, der ikke er blevet helliget af en indviet person, eller som ikke er blevet indskrevet med bija-mantraer (sang) og matrikas (bogstaver), er uegnet til tilbedelse.

Prana (liv) skal placeres i en yantra via bestemte ritualer og overleveres fra lærer til elev, for at den kan blive kraftfuld.

Afhængigt af stoffet har hver yantra en bestemt levetid. For eksempel holder guld et helt liv, mens sølv holder syv år.

Mantra-baseret tilbedelse.

Et mantra er en kraftfuld sang, som kan synges eller skrives på både engelsk og sanskrit.

Men uden en yantra eller et mystisk diagram, diksha eller tantrikindvielse og en rituelt foreskrevet tantra eller indledende procedure er det værdiløst.

Et mantra har ingen betydning i sig selv; det er lyden, der giver det styrke. 'Krim' er et velkendt Kali-bija eller rod-mantra. Kulachudamani Tantra lærer, hvordan man bruger et mantra på følgende måde:

På en tirsdag skal der tegnes en yantra på kremeringsstedet, indsmurt i Kula vermillion og lavet af Kula-træ. I kronbladene skriver man Chamunda-mantraet to gange, 'sphrem sphrem kiti kiti', og derefter Mahishamardini-mantraet i ni trin.

Uden for dette skal du skrive Jayadurga- og Smashana Bhairavi mantraerne. Når du er færdig med at skrive dem, går du i seng og tilbeder Bhadrakali med fokus på Kamakhya, essensen af Kamakala.

Indre besværgelse af det tilbedende billede af Kali.

I det 17. århundrede forsøgte Krishnanda Agamavagisha at skabe en version af Kali til offentlig hengivenhed.

I hans drøm viste gudinden sig og instruerede ham i at rejse sydpå og tage skikkelse af den første dame, han så den følgende dag. Krishnanda fulgte instrukserne og fandt en dame, som lagde kager af komøg på husmuren for at bruge dem som brændsel.

Da damen så Krishnanda, bed hun sig i tungen, hvilket er et typisk udtryk for forbløffelse og skam. Hendes venstre fod stod på en mødding, og hendes højre fod var på jorden. Hendes anden hånd var sænket, mens hun løftede den ene hånd for at pudse afføringskagen på væggen.

Derfor viser den mest berømte afbildning af Kali, at hun tygger på sin tunge, mens hun træder på Shiva med sin venstre fod, mens den ene hånd holder krumsablen, og den anden sænker sig for at gribe et afhugget hoved.

Mange mennesker tror, at denne historie og form har til formål at tæmme Kalis form, så den kan tilbedes i hjemmet.

Kali bider ikke sin tunge i skam i tantrisk tilbedelse; i stedet strækker hun den ud for at sluge blod og stille sin sult.

Kali træder ikke kun på Shiva, men hun kopulerer også med ham. Hun ligger øverst, mens hun kopulerer, en seksuel stilling, der er kendt som viparita rati eller omvendt kopulation, da den er det modsatte af, hvad der anses for passende i en patriarkalsk kultur, hvor manden normalt ligger oven på kvinden.

Derfor er der to slags Kali-billeder, der bliver tilbedt: dem, der er acceptable for samfundet, og dem, der kun er passende for personer, der har forladt samfundet.

Førstnævnte er en respektabel, tæmmet version af gudinden, mens sidstnævnte er vild og ukontrolleret, og kun dem, der er blevet ordentligt indviet og uddannet i tantriske metoder, har adgang til den.

Et lykkebringende sted for tilbedelse.

Ifølge Mana-Sara-Shilpa-Shastra, en afhandling om arkitektur skrevet omkring det 8. århundrede, skal templer, der hylder Kalis billede, bygges langt væk fra landsbyer og byer, i nærheden af kremeringspladser og hjem for chandalas, den laveste kaste i hinduernes hierarki, mennesker, hvis levebrød består i at rydde døde bopladser og holde øje med ligbål.

Det cementerer yderligere Kalis forbindelse med det hinduistiske samfunds udkant. Billeder af Kali er blevet fastholdt i hjemmet i de senere år, især siden den bengalske andagtsbevægelse i det nittende århundrede centrerede sig om Kali-begrebet. Det påpeges dog ofte, at det billede af Kali, der ses inde i husene, adskiller sig fra det, der findes ved landsbyens grænse.

Førstnævnte er Dakshina-Kali, 'sydens' Kali, som oplyser, mens sidstnævnte er Smashana-Kali, 'krematoriets' Kali, som omfavner snavs og forurening. Billedet af guden i de fleste hinduistiske templer vender mod det lykkebringende øst.

Indgangen til templet kan vende mod øst, mens gudinden vender mod det uheldige vest i mange Kali-templer. Som følge heraf afviser Kali den traditionelle, almindelige civilisation, som undertrykker naturens vilde side af hensyn til samfundets orden.

I nogle templer ser det ud til, at billedet bevæger sig fra syd til nord (dødens retning) (udødelighedens retning).

I nord er Shiva, Kalis ægtefælle, kilden til viden og den, der muliggør menneskets dødsforagtende evner. Det mest kendte Kali-tempel ligger i Kalighat-kvarteret i Kolkata. Andre Kali-templer findes i Tarapith i Bengalen, Kamakhya i Assam og Kathmandu i Nepal.

Gunstigt tidspunkt for tilbedelse.

Tirsdag er forbundet med Mangala eller Mars, en himmelsk planet, der forbindes med kamp og død, som begge udgør en fare for samfundets stabilitet. Kali æres på denne dag, da hun anses for at være almægtig på det tidspunkt.

Denne dag er i forskellige områder af Indien viet til Ganesha, Devis søn, og Hanuman, hendes tjener og vogter. Ganesha og Hanuman forsvarer begge tilbedere mod den skræmmende og vilde Kali.

Den vediske skole i hinduismen anser daggry og den voksende halvdel af månecyklussen for at være heldige. Fordi den er modkulturel, kan den tantriske skole godt lide at udføre sine ritualer ved midnat og i den aftagende halvdel af månens cyklus.

Kali tilbedes normalt ved midnat på Amavasya, eller nymåneaftenen. Tirsdag aftener med nymåne er meget heldige.

Den mest betydningsfulde og komplekse amavasya-puja afholdes i månemåneden oktober eller november, hvilket svarer til oktober eller november i den vestlige kalender.

Denne Kalis nat, også kendt som Diwali, hvor de fleste hinduer tænder lys, mens nogle udfører blodofringer, falder sammen med Samhain, en keltisk druidehøjtid, hvor barrieren mellem det materielle og det åndelige rige er tyndest, ifølge Wicca-traditionen.

Valget af denne aften til at tilbede Kali er passende, da Kali blandt andet er dødens gudinde.

Rituel ofring af blod.

Kali har en umættelig sult efter blod som den form for Devi, der fortærer liv for at give liv. Tilhængere af Dakshina-Kali-templet i Nepal ofrer ofte geder, grise, lam, bøfler og endda kyllinger, duer og ænder for at vinde gudindens gunst.

Blodet får lov til at flyde mod guden, når hovedet skæres af, eller halsen skæres over. Mænd trækker de døde dyr hen over gulvet i det tagløse, udendørs tempel til et nærliggende slagterum, mens en stor mængde blod strømmer ud. Offerblodet flyder over helligdommens vaskbare tagrender og gulv af hvide fliser. Geder ofres til Kali hver tirsdag og under Diwali-festivalen i Kalighat i Bengalen.

Menneskeofring var udbredt i begge templer for 200 år siden, indtil der blev vedtaget love, som forbød det, men ideen om, at man kan vinde Kalis gunst ved at ofre blod, er stadig populær i dag.

Af og til hører man om skjulte menneskeofringer, som udføres af personer, der bruger kriminelle til at bortføre deres ofre. Folk udskifter ofte grøntsager og lerfigurer med rigtige dyr eller personer i symbolske ofringer. Det er altid et mandligt offerdyr, aldrig en kvinde.

Mændenes hoveder, som udgør Kalis krans, er altid de samme. Det skyldes, at nyt liv produceres via den feminine form, og at myrde en af dem ville være det samme som at afbryde livets cyklus, hvilket er forbudt i devi-tilbedelse.

Ifølge Upanishaderne består kosmos af dem, der spiser, og dem, der bliver spist. Devi omtales som den livgivende Gauri, Tripura Sundari, Mangala eller Bimala. De, der spiser, er Devi som den livstagende Kali, Tripura Bhairavi, Chamunda eller Chandika. På den måde repræsenterer Devi hele eksistensen.

Tilbud om Neem, citroner og chili.

Kali tilbydes sure citroner, krydrede chilier og bitter neem af dem, der undgår blodofringer. Sød mad betragtes traditionelt som lykkebringende og gives til guder. På sin fjendtlige måde foragter Kali alt, hvad der anses for at være lykkebringende, og søger det uhyggelige, selv i maden.

Citroner, chili og neem er påmindelser om den vigtige funktion, som de elementer i universet, der normalt betragtes med frygt, foragt eller mistillid, spiller i vores eksistens. Alkohol og hallucinogener er to typer af hallucinogener.

Alkohol, hallucinogene stoffer som Cannabis Indica og en række forskellige svampe er alle forbudt i vediske tekster, fordi de bringer samfundets stabilitet i fare. Det er væsentlige elementer i Kali-tilbedelsen og i tantriske ritualer generelt.

De fører sindet ind i underbevidstheden, hvor alle begravede og undertrykte impulser og følelser gemmer sig. Man konfronteres med visioner, der er fri af biologiske og ideologiske begrænsninger.

Alt det, som samfundet anser for at være upassende og uheldigt, undersøges og opleves. Når sandheden omfavnes i sin helhed uden forudindtagethed, realiseres det guddommelige.

Hellige lig.

Fordi lig anses for at være uheldige og urene, spiller de en vigtig rolle i Kali-tilbedelsen. Kun højt udviklede tantriske sadhakaer, der har opnået et højt bevidsthedsniveau og derfor er i stand til at deltage i ritualet uden en følelse af morbid ophidselse, får lov til at udføre ritualet ved hjælp af lig.

Ceremonien udføres typisk omkring midnat om tirsdagen, når nymånen er fuld. Der udvælges et frisk lig, helst et, der lige er faldet i kamp eller tilhører kriger-, præste- eller købmandskasten. Før i tiden ventede de håbefulde ofte nede ad floden for at hente lig, der var blevet smidt i floden.

Pårørende valgte kremering for at bevare ligene af deres kære. Liget begraves med ansigtet nedad, og ryggen bruges som alter til at påkalde Kali. Aghoras - asketer, som har afbrudt alle forbindelser med civilisationen og dens konventioner - er kendt for at spise de dødes kød.

Tantrik-udøveren er tvunget til at genoverveje sine kriterier for, hvad der er lykkebringende, og hvad der er ulykkebringende, ved at betragte kroppen som en hellig genstand.

Riter og ritualer for sex og seksualitet.

Ifølge Brihad Nila Tantra er den seksuelle akt en nødvendig del af ritualet for at påkalde Kali og få hendes kræfter.

En tekst forklarer et element af ritualet på denne måde, samtidig med at den konstant understreger, hvor kraftfuld ceremonien er, og hvordan viden skal holdes skjult:

Hav en ungdommelig og dejlig pige, der er dekoreret med en række ædelstene. Giv hende tambula at spise, når du har redt hendes hår, og tegn så to Hrims på hendes bryster. Tegn to Klims på hver side af hendes kønsdele, med sigte på eller mod hendes læber.

Træk hende ind i håret, kærtegn hendes bryster, og omfavn hende så. Åh, din rene smiler. O søde ansigt, reciter mantraet 1000 gange.

Kæreste, ved at gøre ritualet i en uge, bliver man fuldbyrdet. Maheshani, gentag mantraet, som det er skrevet i hendes yoni, ikke som det er trykt i litteraturen. Der er ingen tvivl om, at dette fører til mantra-siddhi.

Så, Devi, nøglen til at opfylde alle dine ønsker er blevet afsløret. Maheshani, man bør ikke afsløre det, man bør aldrig afsløre det. Afslør det aldrig, Naganandini, selv om det betyder dit liv. Den giver alle former for siddhi.

Jeg er målløs, når det gælder skønheden i dette slogan. Jeg kunne ikke sige noget om det, selv hvis jeg havde ti tusind millioner læber og ti tusind millioner tunger, o Paramesvari.

Den seksuelle akt udføres typisk uden for ægteskabet med medlemmer af lavere kaster eller inden for kasten med medlemmer af ens egen familie, hvis den udføres inden for kasten.

For at få Kalis velsignelse brydes alle love og tabuer.

Andre navne for Kali:

Shyama (shy-ah-mah) - Den mørke

Chamunda (chah-mun-dah) - Ødelægger af uvidenhed og dualitet, som personificeret af dæmonerne Chanda og Munda.

Bhavatarini (bhuh-vuh-ri-nee) - Verdens frelser

Bhadrakali (bhuh-drah-kah-lee)-Hellig sort (muh-hah-kah-lee) -Den store sorte;

EN DETALJERET OVERSIGT over alle Kalis guddommelige kvaliteter og facetter:

Gudinde for forandring og frigørelse:

1. Nedbrydning af forældede mønstre og nedslidte strukturer

1. radikal fornyelse og genfødsel

1. dynamisk kraft for transformation og forandring

1. en katalysator for åndelig og personlig udvikling

1. frihed fra ego-tilknytninger, karmiske mønstre og begrænsende overbevisninger

1. En guide til dem, der søger det højeste niveau af viden og frihed

GUDINDE FOR TOMHED og tomrum

1. legemliggørelse af den endeløse tomhed, der er oprindelsen til al skabelse

1. et skød af sort lys, fyldt med muligheder og muligheder

1. skildring af intethed, der overskrider form og erkendelse

1. kilde til uendelig inspiration, kreativitet og åndelig oplysning

GUDINDE FOR SKJULTE dybder og skygger

---

1. legemliggørelse af psykens mørke sider, herunder undertrykte følelser, angst og begær

1. En invitation til at se negative kvaliteter i øjnene og vende dem til kilder til viden og styrke

1. en manual til at inkorporere skyggearbejde i spirituel og personlig udvikling

1. katalysator for heling af alvorlige traumer og omfattende sår

GUDINDE FOR FEMININ kraft og Shakti

---

1. legemliggørelse af den guddommelige kvindes utæmmede, uforfalskede og transformerende kraft

1. Kvinder er en kilde til enorm magt og har evnen til at skabe, ødelægge og forandre.

1. En repræsentation af kvinders mod, styrke og udholdenhed

1. motivation for kvinder til at eje deres egen magt og ændre verden til det bedre

GUDINDE FOR KÆRLIGHED og medfølelse

---

1. Udtryk for dyb empati og urokkelig kærlighed

1. beskytter og mentor for tilhængere, der overvinder forhindringer i livet

1. en kilde til trøst og hjælp i svære tider

1. legemliggørelse af moderkærlighed, der giver omsorg og kærlighed til alle levende ting

INKONSEKVENSENS OG paradoksets gudinde

1. Forening af kræfter, der synes at være i strid med hinanden, skabelse og ødelæggelse, mørke og lys, frygt og kærlighed

1. En påmindelse om, at alle livets facetter er indbyrdes afhængige og forbundne.

1. Opmuntring til at se ud over dualismen og acceptere virkelighedens kompleksitet

1. Opmuntring til at acceptere styrken og skønheden i livets modsætninger

GUDINDE FOR MYSTERIET og det ukendte

1. legemliggørelse af det største mysterium, den mest mystiske tomhed, der trodser enhver forklaring

1. Symbol for livets grænseløse, evigt voksende og foranderlige natur

1. En invitation til at acceptere livets vidundere og mysterier og

til at give sig hen til det ukendte.

1. Oprindelse til ydmyghed, respekt og forundring over kosmos' størrelse og vores rolle i det

---

AT IDENTIFICERE KALIS ånd: Et altomfattende kig på det guddommelige feminine

Den hinduistiske gudinde Kali, som forbindes med ødelæggelse, skabelse og bevarelse, er en kompleks figur, som beundres for sin rå lidenskab, brændende styrke og evne til transformation. Hun inviterer os til at realisere hendes guddommelige natur i verden omkring os og i os selv, da hendes tilstedeværelse gennemsyrer alle facetter af vores liv.

Se Kalis kraft i den naturlige verden:

Naturens uhæmmede raseri: Den rå, uhæmmede kraft i naturens omvæltninger er en håndgribelig manifestation af Kali. Anerkend hende i den knitrende torden og lynene, i vulkanudbruddenes omformning af landskaberne, i tornadoernes og tsunamiernes frygtelige kraft.

Kreativ ødelæggelse og fornyelse: Den naturlige verdens cyklusser er manifestationer af Kalis dans af skabelse og ødelæggelse. Se hende i de mange årstider, fødsels-, udviklings- og nedbrydningsprocesserne, der opretholder alle levende ting, og civilisationernes opståen og fald.

Accepter Kalis transformerende tilstedeværelse:

Mørke som forandringskatalysator: Kali er forbundet med mørke på måder, der går ud over den materielle verden. Anerkend hendes tilstedeværelse i det symbolske mørke, som står for muligheden for forandring. Både nattehimlens mørke, hvor stjernerne skinner, og livmoderens mørke, hvor nyt liv vokser, indeholder hende.

Stå over for rå følelser med mod: Kali er et symbol på de rå følelser, herunder frygt, had og vrede, som vi ofte forsøger at undertrykke. Anerkend hende i vores egne kampe med disse følelser. Hun udfordrer os til at konfrontere dem med medfølelse og mod og indse, at de bare er udtryk for vores underliggende behov og ønsker snarere end noget i sig selv dårligt.

Identificer Kali i livets transformative processer:

Fødsel som en døråbning til nyt liv: Kali, skabelsens gudinde, forbindes ofte med fødsler. Se hendes tilstedeværelse i moderens styrke og modstandsdygtighed under fødslen og i den fantastiske måde, hvorpå nyt liv dukker op fra livmoderens skygger.

Radikal kreativ frihed og kreative gennembrud: Kali er gudinden for radikal kreativ frihed. Anerkend hende i gennembruds- og inspirationsøjeblikke, når nye ideer og udtryk dukker op, bryder med traditionelle former og omfavner den uforfalskede, ufiltrerede skabende ånd.

Oplevelser af renselse og personlig udvikling: Kali er ofte forbundet med oplevelser af renselse, herunder alvorlige følelsesmæssige sammenbrud, fysiske lidelser eller udfordrende omstændigheder i livet. Anerkend hende i disse overgangsperioder, da hun hjælper os med at give slip på bindinger, bryde gamle vaner og komme tættere på vores egentlige selv.

Søg Kalis visdom til din livsvej:

Afsløring af bevidsthedens hemmelige dybder: Kali udfordrer os til at se vores skyggeselv i øjnene og ændre det, de ønsker, bekymringer og følelser, der er skjult for bevidstheden. Anerkend hendes tilstedeværelse, mens vi udforsker dybet af vores sind i et forsøg på at inkludere skyggearbejde i vores spirituelle og personlige udvikling.

At acceptere Shakti og den feminine kraft: Kali er legemliggørelsen af den guddommelige kvindes utæmmede, rå og transformerende kraft. Anerkend den enorme kraft, som kvinder besidder - evnen til at skabe, ødelægge og forandre. Søg hendes vejledning for at acceptere din sande magt og ændre verden til det bedre.

Det væsentlige i eksistensen: Modsigelse og paradoks: Kali er en gudinde for modsigelse, der repræsenterer frygt og kærlighed, mørke og lys og skabelse og ødelæggelse. Anerkend hende i den gensidige afhængighed og forbindelse mellem alle livets facetter. Accepter kraften og skønheden i livets modsigelser, og overgiv dig til det uudgrundelige mysterium.

FORMÅL OG ASPEKTER af Kali-invokationer:

Kald på Kali for at få beskyttelse og vejledning i dystre og usikre tider. Kali er en formidabel vogter, som kan lede os gennem de sværeste situationer. Når du kæmper, oplever vanskeligheder eller føler dig desorienteret, så kald på hende. Hun vil give dig modet og styrken til at fortsætte.

Kald på Kali for at inspirere og være kreativ; hun er gudinden for vildt udtryk og dristig innovation. Når du føler dig uinspireret eller blokeret, så søg hendes inspiration. Hun vil inspirere dig til at være innovativ og hjælpe dig med at overvinde sociale normer.

Tilkald Kali for forandring og helbredelse. Hun er en kraftfuld healer, som kan hjælpe med at helbrede åndelige, følelsesmæssige og fysiske lidelser. Hun vil hjælpe dig med at opnå fuldstændighed og velvære, hvis du tillader hende at ledsage dig på din helbredelsesvej.

Til dyb refleksion og selvopdagelse kan du påkalde Kali, gudinden for indre forandring og selvbevidsthed. Når du er på en selvopdagelsesrejse, så spørg hende til råds. Hun vil hjælpe dig med at se dine mørke sider i øjnene, give slip på begrænsende ideer og realisere dit fulde potentiale.

For at etablere en forbindelse med det guddommelige feminine skal du påkalde Kali. Hun er en stærk repræsentation af det guddommelige feminine og oprindelsen til viden, medfølelse og omsorg. Opret en forbindelse med hende for at opdage dybden af din egen medfølelse og viden samt for at få adgang til din egen indre feminine styrke.

Kald på Kali for at få oplysning og frihed. Kali er den ultimative befrier, som fører os til erkendelsen af vores egentlige selv og ødelæggelsen af ego-tilknytninger. Hun vil guide dig mod oplysning og frihed, hvis du beder om hendes råd på din åndelige rejse.

KALIS SLØVE NAVNE

Betydningen af Kalis mange navne:

Shyama - den mørke (shy-ah-mah): Dette tilnavn, som ikke skal opfattes negativt eller som ondt, repræsenterer Kalis forbindelse til mørket. Det symboliserer snarere den ukendte tomhed, der føder hele skabelsen, det sorte lys' skød, der vrimler med ubegrænsede muligheder.

Uvidenhedens og dualitetens ødelægger er Chamunda (chah-mun-dah): Dette navn hentyder til Kalis rolle i at besejre dæmonerne Munda og Chanda, som står for dualisme og uvidenhed. Hendes sejr over disse dæmoner repræsenterer nedbrydningen af de illusioner, der binder os til cyklussen af fødsel, død og genfødsel - en tilstand, der er kendt som samsara.

Bhuh-vuh-ri-nee Bhavatarini, verdens frelser Dette tilnavn understreger Kalis venlige væsen og hendes funktion som sine tilhængeres forsvarer. Hun er den, der fører os gennem skyggerne og støtter os i at overvinde vores begrænsninger og bekymringer.

Bhadrakali, velstående sort (bhuh-drah-kah-lee): Dette tilnavn henleder opmærksomheden på Kalis dobbelte natur. Hun er en kilde til enorm lykke og gunst, samtidig med at hun ofte forbindes med mørke og katastrofe. Hendes sorthed er et symbol på vores kollektive ubegrænsede potentiale.

Mahākālī (udtales mah-hah-kah-lee): Den store sorte Kalis navn repræsenterer hendes absolutte magt og dominans. Som indbegrebet af skabelse, bevarelse og ødelæggelse er hun den højeste gudinde.

Sydlige Kali eller Dakshina Kali (dak-shi-nah-kah-lee): Dette udtryk hentyder til den særlige manifestation af Kali, som æres i det sydlige Indien. Hun portrætteres ofte som havende et mere venligt og sympatisk ansigt.

Kali Smashana (smash-ah-nah-kah-lee): Kirkegårdens Kali: Dette navn hædrer Kalis forbindelse til kirkegårde, som historisk set blev set som steder for frigørelse og metamorfose. Hendes tilstedeværelse på disse steder repræsenterer sjælens frihed fra reinkarnationens cyklus og ødelæggelsen af ego-tilknytninger.

Raksha Kali (udtales raksh-ah-kah-lee) - forsvarer: Dette udtryk understreger Kalis beskyttende funktion, især mod tørke og epidemier. Hun tilkaldes ofte i nødsituationer for at yde forsvar og genoprette ligevægt.

Hemmelige Kali eller Guhya Kali (goo-hyah-kah-lee): Dette udtryk hentyder til de mystiske og dunkle aspekter af Kalis væsen. Hun er gådens og det ukendtes gudinde; kun intens refleksion og spirituel praksis kan føre en til hende.

HAM-SAS-KAH-LEE, eller Hamsa Kali, er Mystic Sounds Kali. Kalis navn forbinder hende med den første lyd, "Ham", som siges at være kilden til kosmos. Hendes forbindelse til denne musik repræsenterer hendes evne til at skabe og forandre.

Kalasankarshini Kali, også kendt som Kali of the Cosmic Dance (kuh-lah-san-kar-shi-nee) Med dette tilnavn fremstilles Kali som den kosmiske danser, der bruger sin rytmiske dans til både at skabe og ødelægge verdener. Hendes dans er en repræsentation af livets cykliske forløb og harmonien mellem skabelse og ødelæggelse.

FESTIVALER DEDIKERET TIL KALI

Dipavali, også kendt som Diwali eller Deepavali, er en lysfestival, der fejres i hele Indien, men den er mest betydningsfuld i Vestbengalen og Odisha, hvor Kali er den vigtigste gudinde. Olielamper og stearinlys tændes i hjem og templer på Diwali for at symbolisere lysets sejr over mørket og viden over uvidenhed. For at få Kalis velsignelser om rigdom, lykke og åndelig oplysning overrækker de hengivne hende ofre og bønner.

Durga Puja: Selvom fejringen for det meste er viet til gudinden Durga, bliver Kali nogle gange æret som enten en voldelig ledsager eller som en manifestation af Durga. I kvarterer og landsbyer opstilles der pandaler - midlertidige helligdomme - under Durga Puja, og indviklede statuer af Durga og Kali placeres indeni. For at bede Kali om beskyttelse, vejledning og åndelig udvikling overrækker de hengivne hende mad, blomster og bønner.

Kali Puja: I Vestbengalen, Assam, Odisha og Tripura fejrer man denne højtid, som især er viet til Kali, med stor inderlighed. Under Kali Puja bygges Pandavas med idoler af Kali i alle hendes inkarnationer, såsom Dakshina, Raksha og Smashana. For at opnå beskyttelse, rigdom og åndelig oplysning frembærer de hengivne bønner, ofringer og dyreofringer til Kali.

På den ottende dag i månens fjorten dage fejrer folk Kalashtami, en festival, der ærer Kalis kosmiske kraft og hendes rolle i skabelsen af kosmos. For at opnå Moksha (frihed), frigøre sig fra verdslige bånd og udvikle sig åndeligt, beder de hengivne, udfører puja-ritualer og faster.

Shyama Puja: Denne festival fejres hovedsageligt i de østlige og nordøstlige regioner i Indien til ære for Shyama Kali, den mørke form af Kali. Ved at ofre bønner, mad og blomster til Shyama Kali ved Shyama Puja beder tilbedere om hendes velsignelser for at blive beskyttet mod onde ånder, få fjernet barrierer og opnå åndelig forståelse.

Chamunda Devi Puja: Denne festival ærer Chamunda Devi, en voldsom manifestation af Kali, som er kendt for sin evne til at overvinde uvidenhed og ødelægge ondskab. Når der er en krise eller en epidemi, gennemføres Chamunda Devi Puja ofte for at bede om hendes beskyttelse og velsignelser for samfundet.

Bhavatarini Puja: Denne festival, som hovedsageligt afholdes i Vestbengalen og Odisha, er til ære for Bhavatarini Kali, verdens frelser. Ved at ofre bønner, mad og blomster til Bhavatarini Kali ved Bhavatarini Puja beder tilbedere om hendes velsignelser for at opnå åndelig frihed, komme sig over sygdomme og blive beskyttet mod skade.

Bhadrakali Puja: Denne festival er dedikeret til Bhadrakali, den heldige form af Kali, og den afholdes ofte i perioder med velstand og fred. Bhadrakali Puja er forbundet med at bede om velsignelser for fred, velstand og fælles velbefindende.

Tilhængere får mulighed for at interagere med Kali på disse festivaler, vise deres kærlighed til hende og bede om hendes velsignelser på mange områder af deres liv.

TEMPLER DEDIKERET TIL KALI

Indien

Dakshineshwar Kali-templet (Kolkata, Vestbengalen): Dette berømte tempel er dedikeret til Dakshina Kali, en af de mest respekterede inkarnationer af Kali, og ligger ved bredden af Hooghly-floden. Templet er kendt for sine udførlige ceremonier, smukke arkitektur og tilhængernes inderlige hengivenhed.

Kalighat Kali-templet i Kolkata, Vestbengalen, er et gammelt tempel, der betragtes som et af de 51 Shakti Peethas, hellige steder for tilbedelse dedikeret til den feminine gudinde. Templet tiltrækker tilbedere fra hele Indien og andre steder, fordi det har et idol af Kali, som siges at have manifesteret sig selv.

Kamakhya-templet i Guwahati, Assam: Denne hellige helligdom ærer Devi, en manifestation af Parvati, som nogle gange forveksles med Kali. Templet er et af de mest ærværdige pilgrimssteder for Shakti-tilhængere og er velkendt for sine tantriske skikke.

Tarapith-templet i Rampurhat i Vestbengalen er viet til Tara Devi, en manifestation af Kali, som er forbundet med åndelig oplysning og frihed. Templets særegne skikke og forbindelse til den kendte bengalske helgen Ramakrishna Paramahamsa er dets hovedattraktioner.

Adyapeeth-templet: Dette historiske tempel ligger i Jagannath Puri i Odisha og ærer Adi Shakti, den guddommelige kvindes oprindelige form. Templet tiltrækker tilbedere fra hele Indien og betragtes som et af de fire Shakti Peethas i regionen.

Templet for Chintamani Kali (Ooty, Tamil Nadu): Dette tempel ærer Kali som den, der fjerner problemer, eller Chintamani. Templet er kendt for sit rolige miljø og de hengivne lokale hengivne. Det ligger i de smukke Nilgiri-bjerge.

Nepal

Kalikhola-helligdommen (Katmandu, Nepal): Denne historiske helligdom ligger på bredden af Bagmati-floden og ærer Kali. Templet er kendt for sine indviklede ceremonier og tilhængernes inderlige hengivenhed. Det er et vigtigt pilgrimsmål for hinduer i Nepal.

Guhyeshwari Devi, en manifestation af Kali, der er forbundet med skjult viden og hemmeligholdelse, tilbedes i Guhyeshwari-templet i Kathmandu, Nepal. Templet er kendt for sine tantriske skikke og sin forbindelse til den kendte nepalesiske helgen Sivananda Giri og ligger inde i Pashupatinath-tempelkomplekset.

Bangladesh.

Dhakeshwari Devi, en manifestation af Kali, der betragtes som Dhakas vogter, er emnet for dette historiske tempel, der ligger i Dhaka, Bangladesh. Templet er velkendt for sit detaljerede design og de lokale hengivnes iver, og det er et populært pilgrimsmål for hinduer fra Bangladesh.

Kantajew-templet i Panchagarh i Bangladesh ærer Kantajew Devi, en manifestation af Kali, der er forbundet med mod og styrke. Templet ligger ved bredden af Mahananda-floden og er kendt for både de lokale hengivnes intense hengivenhed og sin karakteristiske arkitektoniske stil.

Sundarban Kali-templet (Satkhira, Bangladesh): Dette tempel ligger i hjertet af Sundarbans, den største mangroveskov i verden, og ærer Kali. Templet er kendt for sine usædvanlige omgivelser og de lokale tilhængeres inderlighed. Det er et berømt pilgrimssted for hinduer, der bor i Sundarbans.

Disse templer er kun en lille del af de mange helligdomme, der er viet til Kali, og som findes i Bangladesh, Nepal og Indien. De fungerer som knudepunkter for de hengivnes spirituelle praksis og giver mulighed for meditation, bøn og fællesskab med det guddommelige feminine. Hinduistisk kultur og skikke bliver også i høj grad bevaret og fremmet af templerne.

KALI-MANTRAER

Kalis Bija-mantra

Krim (kreem) eller Krim (kreem) hreem hreem hreem hreem (kreem hoom hreem)

Energien aktiveres af Krim.

Hum er en kilde til styrke.

Sødme fremkaldes af Hreem.

MANTRAER TIL PÅKALDELSE:

hrim aum aum aum aum aum viche klim chamundaye svaha ohm aim hreem kleem chah-mun-dah-yey vich-ey swah-huh ohm aim hreem kleem chah-mun-dah-yey vich-ey swah-huh

Den oprindelige lyd er Aum. Målet er at plante et frø af viden.

Hrim: udtryk for kreativitet

Klim: kraften i transformation

Kali er kendt som Chamundaye, der dræber uvidenhedens og dualismens "dæmoner".

Viche: skære (som i at skære uvidenhedens og egoets bånd over) Svaha er et mantra, der betyder "offer".

Mangale kali Adyanta Kapalini Bhadrakali Durge kshame shive dhatri Durge kshame shive dhatri Durge kshame ahd-yuhn-tuh mahn-ga-ley kah-lee bhuh-druh-kah-lee kuh-pah-lee-nee door-gey kshah-mey shee-vey dhah-tree swah-huh swuh-dhuh nuh-mo-stoo-tey swah-huh swuh Kali

Bhadrakali, du er lykkebringende og triumferende!

Bærer af en dødningehovedkvast!

Det er svært at kende dig, mor!

Beskytter og vogter med medfølelse Jeg bøjer mig for dig, som legemliggør det hellige ord, der gives i alle ceremonier!

GAYATRI MANTRA:

Aum adyayai vidmahe aum adyayai vidmahe aum ad Dhimahi Parameshwarayai Tanno Ohm ahd-yuh-yai vid-muh-hey pah-rah-mesh-war-ay-ai dhee-muh-hee ta-no kah-lee pra-cho-dah-yaht kali prachodayat ohm ahd-yuh-yai vid-muh-hey pah-rah-mes

Må den almægtige gudinde oplyse mit sind, om, må jeg kende den oprindelige. Er det i orden, at jeg mediterer på Kali? Kalis yndlingsfarver er karmoisinrød, sort og midnatsblå. Kalis blomster er hibiscusrøde og lotusblå. Shiva er Kalis ledsager.

TUSIND NAVNE FOR KALI

Engelsk oversættelse:

Sværd, hjul, kølle, pile, bue, spyd, bhushundi, hoved

Hun var iført en konkylie og havde tre øjne. Hun var dækket af ornamenter over hele kroppen.

Hun, der sover i masten, lotusbæreren, honningkatten, for at dræbe

Han tilbad lykkens gudinde, hvis ansigt var som en blå sten, og hvis fødder var tre meter lange.

Huggede straks hovedet af hende, medfølende, frygtløs, med velsignelsen i sine hænder

Hun havde en krans på hovedet og et smukt salviehår.

Gravpladsen, der flyder med blod, og udsmykningen af Srutis' lig.

Jeg tilbeder gudinden Kālī, hvis krop er mørk i huden, og som er udsmykket med et bælte af lig.

Hun havde røde lemmer, rødt tøj, øreringe, der glitrede som elefanter, og voldsomme tænder.

Hun bar en krans af kranier om halsen, og et væld af spøgelser og dæmoner prydede hendes omgivelser.

Det frygtelige, frygtelige smil, hænderne, panden, sværdet, den frygtelige, den treøjede

Man bør meditere på gudinden Bhadrakālī, som ødelægger livet for ens fjender.

Kali, strålende som en sky, med tre øjne, stående på nakken af en drage

Han satte et sværd på hovedet af en khetakapadarika og placerede det på spidserne af sine hænder

Hun var udsmykket med en krans af skæg med sin mor af spøgelser, ghouls og vampyrer

Jeg tilbyder min respektfulde hyldest til gudinden, som ødelægger alle ulykker, såsom den onde sol og måne.

Hrim Bham Bhadrakalyai Nama

Aim Clim Sau Frim B hadrakalyai N amah Dette store mantra, det

bedste af alle m antraer, er blevet b eskrevet.

Når jeg har nået ham, har jeg nået den højeste tilstand af overflod. *1*

Du er forenet med den højeste hengivenhed på den måde, der er beskrevet ovenfor.

Med ønsket om at erobre de tre verdener, bedes du tilbede gudinden Durgā. *2*

Sagde Sri Parashurama. Hvis den gamle Gud, den højeste Herre, er

tilfreds med mig,

O mester, fortæl mig mysteriet om lykkens gudinde. *3*

Ligesom tilbedelse uden offer er som offer uden offer

Uden duft, uden blomster, uden daglige ritualer. *4*

Uden pranayama, uden meditation, er der ingen renselse af væsenerne.

Uden at messe mantraer, uden at give velgørenhed, er Kālī tilfreds. *5*

Sri Shankara sagde.

O vise, du har spurgt mig om den bedste måde at forøge Bhṛgu-dynastiet på.

Du er dine hengivnes hengivne, og derfor vil du opnå dette. *6*

Hun dræbte legende let millioner af dæmoner og elskede blod.

Hun var altid glad for ros og voldsomt ivrig efter lystige fornøjelser *7*.

Hun var altid fuld af glæde, og hendes sind var knyttet til Vāsavī.

Hun var glad for honning, fisk, kød og andre fødevarer samt blod. *8*

Hun boede på kirkegården og dansede med spøgelserne.

Hun er udstrålingen af alle mystiske kræfter og befinder sig i hjertet af den største af alle mystikere. 9. *9*

O Rāma, vær sød at mildne den forfærdelige tid.

Den mest fromme stotra om denne gudinde blev afsløret af Kālya selv 10. *10*

Det skal jeg sige dig, og du skal lytte og forstå, kalv.

Den skal holdes hemmelig og skal læses med stor anstrengelse. 11. 11.

Ved at læse den på én gang fjernes alle forhindringer

Ligesom møl forsvinder fra alle sider, når de brænder, forsvinder de. 12. 12.

Hans stemme, som var fuld af prosa og vers, var som Ganges' strøm.

Talerne blev betragtet som sløve ved det blotte syn af ham. 13. 13.

Selv konger er slaver af andre

Der er ingen tvivl om, at al perfektion altid er i hans hænder *14.*

Om natten dukkede Lord Śambhu op, nøgen og udstyret med kraft, for at blive befriet.

Man bør meditere på gudinden Kālī, som bliver forkælet med navnet Mahākālī. 15. 15.

Man bør synge de tusind navne i stotraen, som er midlet til at opnå befrielse.

Gudinden Kālīkā er glad for ham og føler medlidenhed med ham som sin søn. 16.

Vedha er den højeste erindring om Guddommens Højeste Personlighed og tilbedes med blomster af Guddommens Højeste Personlighed.

Gudinden Kālī er tilfreds med mig på samme måde, som hun er tilfreds med mig. 17. 17.

 Dette er Sri Kalika Sahasranama Stotra Maha Mantra

Vismanden er Mahakalabhairava

Anuṣṭup-verset er kirkegårdens guddom

Dette er chanting af mantraet for opfyldelse af gudinden Mahākālīs nåde.

Meditation.

Hun red på et lig, meget skræmmende, med frygtelige tænder og et smilende ansigt.

Hun har fire arme og er lykkebringende med et sværd og et hoved og er frygtløs.

Gudinden bærer en krans af hoveder og en rullende tunge.

Man bør derfor meditere på gudinden Kālī, som bor på kirkegården.

Atha stotram.

Crim Mahakalyai Namah

Shmashankalika Kali Bhadrakali Kapalini.

Guhyakālī Mahākālī Virodhīnī Kurukulla 18. *18*

Kālika og Kālarātri er den store tids hofter.

Hun var Kālabhairavas kone og oplyste familiens vej. 19. 19.

Kamada kamini kamya kamaniyasvabhavini.

Hun havde en blå krop som moskus og gik som en elefantlord. 20. *20*

Hun er altgennemtrængende i bogstavet K og er lystfuld og smuk i sit begær.

Hun er kendt som Kamārta og Kamarupa og er kendt som Kamadhenu og Kalavati. 21. 21.

Hun er den elskede og legemliggørelsen af begær og er kendt som Kāma og beskytter familien.

Durgā er mor til en ædel familie og ødelægger al lidelse. *22*

Hun var jomfru, født i en familie, mørk, med en mørk krop og en tynd mave.

Hun var tynd og havde en slank krop og var kendt som Kṛṅkārī og Kamala. 23. 23.

Hun var forfærdelig og forfærdelig, og familiens elskede var uovervindelig

Hun var voldsom og strålende og meget magtfuld 24. 24.

De blå skyer er sorte, og den forseglede mængde er sort.

Hun er kendt som Brāhmaṇī, Nārāyaṇī, Bhadrā og Subhadrā. 25. 25.

Gudinden Māheśvarī er også kendt som Cāmuṇḍā, Vārāhī og Nārasiṁhikā.

Hun er kendt som Vajrāṅgī og Vajrakāṅkālī. 26. 26.

Kransen er blød, og halsen er udsmykket med blod.

Blod sandeltræ sindoorarunmastaka. 27

Hun så forfærdelig ud og havde forfærdelige tænder og var frygtelig forfærdelig og mere lovende.

Hun havde flotte tænder og stor illusorisk energi. *28*

Hun havde smukke øjne, grimme øjne, store øjne og tre øjne.

Hendes ansigt glædede sig over efterårsmånen, og hendes lotusøjne funklede af smil. 29. 29.

Hun havde et højt smil, et muntert ansigt, et smil på læben og en god tale.

Hendes ansigt var som en munter lotus, og hun smilede og talte behageligt. 30. 30.

Kotarakshi-klanens bedste og mest flersprogede.

Sumati, Kumati, Chanda, Chandamuṇḍa og Vegini. *31*

Prachanda, Chandika, Chandika, Charchika, Chandavegini.

Hun havde smukt hår og løst hår og langt hår og flot hud. *32*

Pretdeha karnapura pretpanisumekhala.

Hun sad på de dødes sæde og elskede de døde. *33*

Hun bor på kirkegården og er from og giver fortjeneste og er en af familiens lærde.

Hun er de hellige kvinders bolig og har en hellig krop. *34*

Mine sønner er hellige og yderst prydede med gamle fromme gerninger.

Punyanamni Bhitihara Varada Khadgapanini 35

Nṛmuṇḍas hænder blev hugget af, og hendes næse blev skåret af.

Den sydlige side var mørkhudet, fredelig og havde fyldige, hævede bryster. *36*

Digambara er et frygteligt brøl, og den blodplettede blodstrøm.

Hun lød frygtelig, lovende, sværdsvingende, mistænksom og lidenskabelig. 37. 37.

Hun var en fordrukken, skødesløs kvinde, som levede i nektarens hav.

Hun er meget beruset og meget beruset og tiltrækker alle. *38*

Hun elskede at synge og spille på musikinstrumenter og var glad for spøgelsesdans.

Hun havde fire arme, ti arme og atten arme. 39. 39.

Katyayani er universets mor og universets gudinde.

Hun er universets ven og universets mor. 40. *40*

Fødselsgivende Haimavati, den store illusion, den store.

Hun var klædt i en slanges hellige slør og lå på en slanges seng. *41*

Slangens datter, gudernes datter, Gandharva og Kinnaras gudinde.

Vildfarelsens nat er den store nat, og natten er forfærdelig. *42*

Vidyadhari, Vasumati, Yakshini, Yogini og Jara.

Rakshasa-heksen er legemliggørelsen af vedaerne og er vedaernes pryd. *43*

Śruti, Smṛti, den store viden, den gamle viden om hemmelighederne.

Gudindernes navne er Cintī, Acintī, Svadhā, Svāhā, Nidrā, Tantra og Parvatī. *44*

Hun var bladløs, ubevægelig, rullende, alvidende og streng.

Ganga Kāśī Sachi Sītā Sati hengiven til sandheden *45*

Politik er god opførsel god smag tilfredshed næring tålmodighed tilgivelse

Vāṇī, Buddhi, Mahālakṣmī, Lakṣmī, Nīla og Sarasvatī *46*

Srotasvatī Sarasvatī Mātaṅgī Vijaya Jaya.

Sindhu-floden er altgennemtrængende, og stjernen bor i tomrummet. *47*

Hun er ren, bølget, intelligent, klar og mangefacetteret.

De grove, subtile og mere subtile former af Guddommens Højeste Personlighed er lige tydelige. *48*

Hun er legemliggørelsen af atomet og legemliggørelsen af bevidsthedens lyksalighed.

Hun er evigt salig og sandfærdig og er legemliggørelsen af al salighed. *49*

Sunanda er lykkegudindens glæde og er af natur værd at rose.

Der var en farverig tank i form af en række blomster. 50. 50.

Lotusblomsten er udsmykket med en lotuskrans og har et lotusansigt.

Gudinden Dākīnī er Śākīnī og tilgiver. *51*

Bhāṇti, Bhavānī, Rudrāṇī, Mṛdānī og Shatrumardinī.

Gudinden Durgā er lykkens gudinde, og hun er lykkens gudinde. *52*

Solguden er Śivas hustru, og den kvindelige form af Raudrī er naturens mandlige form.

Shakti, frigørelse, intelligens, mor, hengivenhed, frigørelse og kyskhed. *53*

Hun er gudinden over alle og moderen til alle.

Hun ved alt og skænker perfektion og er perfekt i fremtiden og ødelægger frygt. *54*

Den, der gør, den, der ødelægger, den, der beskytter, natten, mørket, barmhjertigheden.

Mørket er mørket i lidenskabens tilstand 55.

Hun var charmerende, rastløs, havde en rullende tunge og en smuk karakter.

Trapa, Trapavati, Lajja, Vilajja, Harayauvati. *56(Hri Rajovati)*

Hun var sandfærdig og hengiven over for religiøse principper

Den fremmeste er ødelæggeren af de onde, og den mest karakteristiske er det lykkebringende had. *57*

Bhima er skræmmende, skræmmende, skræmmende og magtfuld.

Lykkens gudinde er talens gudinde, og Yamunā er den, der udfører ofringer, og som Yajur Veda holder af. *58*

Hun er hjemsted for Ṛg Veda og Atharva Veda. (Shobhanasvara)

Kalakaṇṭhī Kambukāṇṭhī er dedikeret til fløjte og veena. *59*

Hun er Vaiṣṇavī, den rene moder, og gudinden for de tre verdener.

De honningbærende øreringe er kilden til rigdom, renhed og et rent smil. *60*

Rambhorvashi Rati Rama Rohini Revati Makha

Muslingeskallen, hjulet, den sorte, køllen og lotusblomsten nævnes også. *61*

Hun bar et spyd, et jernvåben, et reb og en śārṅga i sin hånd.

Hun bar en pinaka og var røgfyldt og velduftende og kranset i skoven. *62*

Hun var en vognstyrer, som elskede krig og var hurtig og dygtig til at føre krig.

Det filtrede hår er som et tordenskrald, og den blå måne er smuk. *63*

Hun elskede Bali og tilbad og besejrede altid dæmonernes herre.

Hun dræber bøfler og dæmoner, er liderlig og har røde tænder. *64*

Hun drikker blod, har en blodrød krop og bærer en rød le.

Hun elskede blod og smagte kød og var knyttet til tøj. *65*

Hendes hals var dækket af blod, og hun bar en halskæde om halsen.

Hun ligger i graven og bærer på en tyr. *66*

Hun bar et tigerskind og en løvemanke.

Vāmadevī Mahādevī Gaurī Sarvajñābhāmini *67*

Pigen er ung, den gamle kvinde er gammel, og moderen er gammel.

Hun havde smukke øjenbryn og var meget luksuriøs. *68*

Chitralekha, gudernes gudinde, sov.

Den ufejlbarlige Arundhati er skarp og passioneret omkring nydelse. *69*

Mandakini, med et langsomt smil, er en vulkan og ødelægger dæmonerne. (Jwalamukhi+Asurantaka)

Maanada Maanini Manya Maananiya Madatura. *70*

Hun er beruset af vin, beruset, opofrende, enkel og forsonende.

Hun er smuk og besidder uendelige dyder og er den bedste af alle verdener. *71*

Jayada Jitwari Jaitri Jaishreerjayashalini.

Det er behageligt og lykkebringende og sandfærdigt og skaber uro i forsamlingen. *72*

Hun er Herren Śivas budbringer og er meget smuk.

Kaumari Kulaja Kunti Kulastri Kulapalika *73*

Hun var berømt, berygtet, udsmykket og elsket af spøgelsernes herre.

Den transcendentale form af Guddommens Højeste Personlighed er transcendentalt og transcendentalt. 74 (omdømme)

Jorden er rig og giver rigdom og korn og er meget lys.

Urvī er den bedste af de åndelige mestre og er seksfoldig og består af tre tilstande i den materielle natur. 75

Kongernes befaling er meget klog og dydig og transcendental.

Mahakulinas uselviske og frugtbare arbejdsliv. 76

Hun er Amors kunst, lykkens gudinde og Lord Śivas danserinde.

Hun er tankens juvel og fantasiens slyngplante Hun er vågen og medfølende over for de fattige 77

Ayodhya sidestilles uensartet med Kartikeya og Krittika.

Sumantra er rådgiveren, hvirvelvinden, den muntre, ødelæggeren af alle problemer 78.

Moderen til de tre verdener er lykkelig og har en ren form uden kød.

Hendes underliv lå lavt i dammen og var dækket af tørt kød og knogler. 79

Avantī er godhjertet og i stand til at rense de tre verdener.

Hun er manifest og umanifest og har mange former som Śārabhī. 80

Hun er kilden til al lykke og Śāṅkari og forvirrer alle.

Floden var meget lysende og våd og meget lysende 81.

Hun er Advaita Yogini, tilbedelsesværdig, velduftende og lykkebringende.

Hun behager alle og er fornøjelig og rig og spiser kød. *82*

Hun er frygtindgydende, tilintetgør synder, er pletfri og undertrykker.

Håb, tørst, hjemmebrændt, søvn og vindens hastighed. *83*

Hun var lige så lys som tusind sole og lige så lys som en million måner.

Hun ødelægger Niśumbha og Śumbha og ødelægger de røde frø. *84*

Hun tilintetgjorde Madhu og Kaiṭabha og dræbte bøflen og dæmonerne.

Hun befinder sig midt i ildkuglen og i alle væsener. *85*

Hun er den højeste guddom blandt alle guder og døtre.

Hun var datter af Dakṣa og ødelagde Dakṣas ofringer. *86*

Hun tilbedes, tilbedes, stråler, er heldig, har et godt ry og lever i cølibat.

Rambhos lår er de fire Rākās, Jayantī, Varuṇa og Kuhū. *87*

Hun var en højsindet kvinde, gudernes mor og en berømt taler af vedaerne.

Hun skænker fuldkommenhed og vækst og er begyndelsen til alt og giveren af alt. *88*

Hun er basens form og skal mediteres på.

Hun har kommando, intelligens og fuldt sind og er gunstig for månens chef. *89*

Hun var en lavstammet kvinde, som var ærlig og fast i sine løfter.

Anvīkṣikī, Daṇḍanīti, Trayī, Tridivasundarī. *90*

Jvalini Jvalini er bj ergenes datter og bor i Vindhya.

Den fjerde er overbevisning, at flyve på himlen, tålmodighed, ren og ængstelig. *91*
Hun var stolt, Varuṇī, slank, visionær og funklende.

Hengivenhed, fuldkommenhed, evig opnåelse, ønskværdig ære og aṇimā. *92*

Hun er begærets fuldkommenhed, og hun er Herrens beboer, som er underkuet.

Laghima Chaiva Savitri Gayatri Bhuvaneshwari. *93*

Begravelsesbålet er g uddommeligt, generøst og dejligt.

Lykkens gudindes tunge kaldes Piṅgalā og Kapila. *94*

Sushumneda, Y ogavati, Gāndhārī, Navakantaka.

Pāñcālī Rukmiṇī Rādhā Rādhya Bhāmā og Rādhikā *95*

Amrita Tulsi V rinda Kaitabhi Kapateshwari.

Ugrachandeshwari Veerjanani Veersundari 96.

Ugratara Yasodakhya Devaki Devamanita.

Hun er uden farve og kaldes Chitradevī og er vred og er familiens lampe. *97*
Kularagīśvarī er flammen, matrixen er draviṇī, væsken. Hun er

yogiernes gudinde og er den største af alle sygdomme. *98*

Dooti P raneshwari Gupta Bahula Damari Prabha.

Den pukkelryggede kvinde var klog, og den ældste kvinde var bhuśuṇḍī. *99*

Draviṇī, kvæghyrden, er den illusoriske energi, og hun er frøet til begær.

Navnene på disse floder er Śākambhari, Kokanada, Susatya og Tilottama. *100*

Hun er umådelig dygtig, grusom, perfekt i sin karakter og tredobbelt dygtig.

Svasti, Havyavaha, Prīti, Rukmā, Dhūmrā, Arci og Angadā. *101*

Tapini Tapini Vishvabhogada Dharini Dhara.

Trikhanda Rodhini Vasya Sakala er lydens form. *102*

Hun er den frøformende Mahamudra, undertrykkeren og den yogaformende form.

Hun havde ingen blomster på kroppen og intet bælte på kroppen. *103*

Anangamadana, Anangarekha, Anangakusheshwari.

Hun er anaṅgas krans og ønskernes gudinde og opfylder alle ønsker. *104*

Hun er legemliggørelsen af alle systemer og formen for alttilfredsstillende lyksalighed.

Hun er også kendt som Vajreshwari og er den, der overvinder og ødelægger al lidelse. 105 (Vrajeshwari)

Hun var en ung kvinde med seks lemmer og en krans af flammende stråler.

Hun er ondskabsfuld, uden støtte, uovervindelig og i form af en fæstning. *106*

Hun er uendelig, ødelægger af onde gerninger, svær at forstå og svær at overtræde.

Hun er svanernes gudinde og bor i de tre verdener. *107*

Hun er altid beboet af de tre hjørner og er malet med den højeste nektar.

Hun er gudinde for stor viden og er kendt som Śvetā Bheruṇḍā. *108*

Hun er hurtig til at blive forenet med hengivenhed og er evigt underkuet af hengivenhed.

Hun er sine hengivnes lyksalighed og er hengiven over for sine hengivne. *109*

Hun er hjemsted for al skønhed og er udstyret med al lykke.

Hun er alle nydelsers bolig og kilden til al lykke. *110*

Hun tilbad jomfruerne og overholdt jomfruernes løfter.

Hun er glad for en ung kvindes hengivenhed og tager form som en ung kvinde. *111*

Kumaripujakpreeta Kumaripreetadpriya.

Kumarisevakasanga Kumarisevakalaya *112*

Anandbhairavi, Baalbhairavi, Batubhairavi.

Krematorium Bhairavi Kalbhairavi Purbhairavi *113*

Hun er Mahabhairavas hustru og kaldes Paramānandabhairavī.

Surananda-bhairavī er også kendt som Unmadānanda-bhairavī. *114*

De er også kendt som Yajnanandabhairavī og Tarunabhairavī.

Hun er også kendt som Jnanānanda-bhairavī og Amṛtānanda-bhairavī. *115*

Hun var meget skræmmende, intens og hurtig.

Tripura er lykkens gudinde og er smuk i byen. *116*

Tripureshi er den femtende, og den femte er indbygger i Pura.

Den sekstende dag i måneden hedder Mahasaptadaśī og er også kendt som Tripuraśvarī. *117*

Hun har form som en stor ged og er gudinde for det store hjul.

Navachakreśvarī Chakreśvarī Tripuramāliṇī *118*

Hun er dronningen af kongernes hjul og er skønheden i det store Tripura.

Sindoorpurruchira Shrimattripursundari. *119*

Hun var smuk i alle sine lemmer og bar en rød og rød kappe.

Hun bar byg, byg, sandeltræ, rød sandeltræspasta. *120*

Han antog form af byg, byg, sandeltræ, rødt sandeltræ.

Chamri Balkutila Nirmala Shyamkeshini *121*

Hun var udsmykket med diamanter, perler og ædelstene og skinnede med en krone og øreringe.

Hun var udsmykket med juvelbesatte øreringe, og hendes kinder glitrede. *122*

Hendes næse var malet med perler fra elefantherrens vandkrukke.

Hendes bryster var prydet med halskæder af perler, koraller og rubiner. *123*

Hun var rig på solens og månens lys, og hun var udsmykket med smykkesten og halskæder.

Rækkerne af frø og tænder var fremragende. *124*

Kamakodandakabhugnabhrukatakshapravarshini (skævt buet)

Elefantens vandkande var en gave af glitrende guld. *125*

Hun havde charmerende fløjteører og en svaneagtig bevægelse.

Padmaragangaddyotadoshchatushkaprakashini *126*

Hun blev smurt ind i en væske af kamfer, agave, moskus og safran.

Hun ligger på jorden med grene som vidunderlige ædelstene og jord. *127*

Bosiddende i Ratnadeepspurdratnasimhasan.

Hun bryder de seks chakraer og er legemliggørelsen af den højeste lyksalighed. *128*

Hun er som en lotus med tusind kronblade og befinder sig i månens kredsløb.

Hun er i skikkelse af Herren Śiva og nyder forskellige glæder. *129*

Hun bliver tilbedt af Lord Śiva, Lord Viṣṇu, Lord Brahmā, Lord Indra og planeternes helte.

Gudinden Śiva er også kendt som Śiva og Rudrāṇī. *130*

Gudinden, som er Lord Mahadevas kære, er også udsmykket med et bælte af lemmer.

Heksen og yoginien anses også for at være nyttige. *131*

Gudinden Māheśvarī er også kendt som Vaiṣṇavī, og Bhramārī er Herren Śivas form.

Hun var udsmykket med et tæppe og hyggede sig i form af vrede. *132*

Gāndhārī er en elefants tunge, og Iḍā er den lykkebringende gudinde.

De fik navnene Piṅgalā, Dakṣasūtrī, Suṣumnā og Gāndhīnī. *133*

Hun er Bhagas selv, Bhagas kilde og Bhagas form.

De er også kendt som Liṅgā, Kāmeśī, Tripurā og Bhairavī. *134*

Lingagīti og Sugīti befinder sig i Linga og antager form som Linga.

Hun er også kendt som Liṅgamālā, Lingabhavā, Liṅga-lingam og Pāvakī. *135*

Gudinden Kauśikī er kærlighedens form og taler behageligt.

Hun er i skikkelse af en grib og er i skikkelse af Herren Śiva. 136 (fast*)*

Hun er kilden til selvet, kilden til den absolutte sandhed, kilden til universet og kilden til universet.

Bhaga-rūpā, Bhagasthātrī, søster til Bhaga-malīnī. *137*

Hun er selvet i Guddommens Højeste Personlighed og er kilden til Guddommens Højeste Personlighed.

Hun er universets navn og er universets kære og bor i universet. *138*

Lingastha Lingini Lingarupani Lingasundarī.

Liṅga-gīti er meget behagelig, og Bhaga-gīti er meget glad. *139*

Hun er altid glad for lemmernes navne og er altid tiltrukket af gudernes navne.

Hun er altid glad for gudindens navn og er altid tiltrukket af kroppens navn. *140*

Hun er udsmykket med en krans af lingaer og en krans af gudinder.

Hun er omgivet af nektar fra Guddommens Højeste Personlighed. *141*

Hun er glad for at tilbede Bhagalinga og er Bhagalingas form.

Hun er gudinden Bhagas form og bringer lykke til gudinden Bhaga. *142*

Hun er glad for Svayambhus blomster og tilbeder Svayambhus blomster.

Svayambhus livgivende blomst er Svayambhus blomst. *143*

Hun badede i Svayambhus blomster og var tilfreds med Svayambhus blomster.

Hun består af selvfødte blomster og holder selvfødte blomster. *144*

Den selvfødte blomstertilaka er den selvfødte blomsterkrans.

Hun er altid optaget af Svayambhus blomster. *145*

Hun er mesteren over de selvfødte blomster og ofringer og er den selvfødtes blomsterkrans. (Yajnasha Yajnanga)

Hun var udsmykket med Svayambhus blomster og blev tilbedt med Svayambhus blomster. 146 (Kusumapriya)

Hun var vildt forelsket i at give blomster til sig selv.

De selvfødte blomsters bølge af glæde er en smuk krop. *147*

Hun er basen for de selvfødte blomster og er fuld af selvfødte blomster.

Hun bor i Svayambhus blomster og bor i Svayambhus blomster. *148*

Hun er knyttet til blomsterne i sin egen krop og er den selvfødte blomst i sin egen krop.

Svayambhupuṣpakariṇī Svayambhupuṣpamālikā *149*

Svayambhukusumanyasa Svayambhukusumaprabha.

Hun kendte Svayambhus blomster og nød Svayambhus blomster. *150*

Hun blomstrede med selvfødte blomster og overdængede sig selv med blomster.

Svayambhukusumanandā Svayambhupuṣpapuṣpiṇī *151*

Hun er begejstret for sine egne blomster og er i form af selvfødte blomster.

Svayambhukusumamādā Svayambhupuṣpasundarī *152*

Hun tilbeder Svayambhus blomster og er født af Svayambhus blomster.

Hun havde travlt med selvfødte blomster og var fuld af selvfødte blomster. *153*

Hun er en klog tilbeder af Svayambhu og er mor til Svayambhu Hotri.

Hun er den selvfødtes giver og beskytter og den selvfødtes hengivne. *154*

Hun er glad for Svayambhus blomster og elsker Svayambhus tilbedere.

Hun er kilden til alle selvfødte tilbedere og tilintetgøreren af selvpåført blasfemi. *155*

Hun er datter af Svayambhuprada og Sarvasva.

Hun smilede til giveren af det selvfødte og havde en krop, der var selvfødt. *156*

Hun er tilfreds med skabelsen af alle verdener og er kilden til al tid.

Hun er kilden til al tid og er kilden til al tid. *157*

Han er glad for kunda-blomster og er glad for kunda-blomster.

Hun er glad for lotusblomstens blomster. *158*

Hun er selvfødt eller lykkebringende, magtfuld, rensende og renser verden.

Hun var kendt som Kīrti, Yaśavinī, Medhā, Vimedha og Surasundari. *159*

Aśvinī-kumāra, Kṛttikā, Pushya, den strålende måne-orb.

Hun er subtil og skænker subtile finesser og ødelægger al subtil frygt. *160*

Hun skænker velsignelser og frygtløshed og ødelægger frigørelsens trældom.

Gudinden Kāmukī er den, der skænker alle ønsker og er kendt som Kāmakhya. *161*

Den bringer lykke og smerte, og frigørelse belyser betydningen af frigørelse.

Hun er ondskabsfuld og ondskabsfuld og ødelægger alle aktiviteter *162.*

Hun er Venus' strøm, Venus' form og beboeren af Venus' hav.

Shukralaya Shukrabhogha Shukrapuja Sadarati: *163*

Shukrapoojya Shukrahomasantushta Shukravatsala.

Hun er legemliggørelsen af Venus og har Venus' krop og er datter af Venus' tilbedere. *164*

Hun er i Venus og er Venus-elskende og Venus-skøn.

Hun bader i Venus og giver Venus og tjener Venus og er meget Venus. *165*

Mahashukra Shukrabhava Shukravrishtividhayini.

Hun kaldes Śukrā og fortjener Śukrā. Hun bliver tilbedt af Śukrāvandaka. *166*

Shukranandakari Shukrasadanandavidhayini.

Hun er begejstret for Venus og altid fuld af Venus og glad for Venus *167.*

Hun tilbeder Venus og ødelægger alle, der spotter Venus.

Hun er Venus' sjæl og er kilden til Venus' rigdom og tiltrækker Venus. *168*

Hun har et hjerte for blod, nyder blod og er glad for at tilbede blod.

Hun tilbeder blod og ofrer til blod. *169*

Hun er fuld af blod og har en rød krop og er datter af en blodtilbeder.

Hun er kendt som Rākta og kaldes Rākṭaṇī. *170*

Hun har en rød krop og fortjener blod.

Hun er meget rød og ser rød ud og forårsager rød regn. *171*

Hun bader i blod, elsker blod og er meget glad for at servere blod.

Hun bringer glæde til blodet og skænker evig lykke til blodet. *172*

Hun er rød, rød, fuld af blod og har øjne, der tjener blod. (Raktasevya Manorama)

Hun er blodets tjener og ødelægger alle, der spotter blod. *173*

Hun er blodets sjæl og er i form af blod og tiltrækker blod.

Hun er begejstret for blod og er besat af blod. 174 *(*Raktotsaha Raktaadhya)

Hun er mor til blod og glæde og har et rørende og fedtet udseende.

Gudinden Parvatī, som tilintetgør alle synder, bor i de søgende. *175*

Hun opbygger de helliges hjerter og bringer glæde til de søgende.

Hun er mor til de søgende og glæder de søgende. *176*

Hun giver den søgende rigelig glæde, rigdom og lykke.

Den søgende er den søgende persons livskraft, og sindet er knyttet til den søgende person. 177 (Sharada*)*

Hun er den bedste af alle søgende og er sine hengivnes blod. (Bhaktavatsala)

Hun tilfredsstiller de søgende menneskers lyksaligheder og ødelægger de søgende menneskers fjender. *178*

Hun er selverkendelse, kender den absolutte sandhed og er familie til den højeste absolutte sandhed.

Hun ligger på Trikūṭa og har fem bjerge og legemliggør alle bjergene. *179*

Hun er sammensat af alle varṇaer og foreskriver kransen af chanting af varṇaer.

Dette er de tusind navne på Herren Śrī Kālī talt af Herren Śiva. *180*

Skriften om frugt.

Det er mere hemmeligt end noget andet, og det ødelægger direkte store synder.

På tidspunktet for tilbedelse, om natten og om aftenen, *1*

Den, der reciterer dette mantra, opnår Ganapati-status.

Enhver, der læser denne vediske litteratur eller hører den eller reciterer den *2*.

Befriet for alle synder opnår han Kālikas bolig.

Ethvert menneske, der reciterer dette mantra med eller uden tro *3*

Efter at have krydset fæstningen når han frem til Kālikas fodspor.

Hun er måske ufrugtbar eller har mistet sine børn. *4*

Den, der hører denne salme, vil få sønner, som vil leve et langt liv.

Den, der ønsker, hvad end han ønsker, vil recitere denne fremragende stotra. *5*

Ved at skænke gudindens velsignelser opnår han altid det, han har.

Blomsterne på det selvfødte træ var hvide og velduftende. *6*

Nogle versioner inkluderer omkring 50 vers på dette sted, men de vises

at være relateret til tAntrisk praksis og er derfor udeladt her

Navnene på den åndelige mester, Lord Viṣṇu og Lord Maheśvarī er forskellige.

Præsten bør meditere på den højeste herre fra alle sider, det er der ingen tvivl om. *7*

Han var en Śākta og en tilhænger af Herren Śiva, og han var den bedste af Vaiṣṇavaerne.

Den, der tilbeder og lovpriser Kālī, bærer følelsen af Advaita. *8*

Han var henrykt over gudindens glæde og var hengivet til gudinden alene.

Velsignet er den, for hvis skyld den Højeste Herre er ængstelig *9*.

Efter ønske bør man synge denne hymne, som man ønsker det.

Forladt af alle sygdomme bliver han født som Madana *10*.

Man bør bære et hjul eller denne hymne fastgjort til kroppen.

Efter at have skrevet det ned i overensstemmelse med de foreskrevne ritualer blev den hellige person til Kālika 11's krop. 11.

En mand bør spise en del af det, der ofres til gudinden.

Han skal påtage sig en guddommelig krop og bære gudindens side. 12. 12.

Hærskarer af yogier danser, når de ser den, der spotter offergaverne.

De var alle klar til at drikke blod og tygge kød og knogler 13. 13.

Derfor så og hørte mennesket, hvad der blev tilbudt gudinden

Den, der ikke bryder sig om spedalskhed og sygdom, skal ikke bebrejde andre med sit sind eller sine ord. *14*

Den, der mediterer over sig selv som tidens selv og priser Herren Śiva.

Man bør meditere på den åndelige mester, som er lig med Herren Śiva. 15. 15.

Denne stotra blev helt sikkert skrevet af gudinden Bhavānī i huset hos Herren, som bor i det.

Man bør ofre en væske af komælk, lak, kuṅkuma, rød kamfer, sindur og honning. 16.

Der er ingen frygt for tyve, ingen latter, ingen frygt for fjender, ingen frygt for torden eller ild.

Der er ingen tvivl om, at selv i omvæltningens vind vil lykkens gudinde selv bo der 17. 17.

Alle, der er hengivne til gudindens lotusfødder, bør recitere denne uendeligt fromme stotra.

Han opnår perfekt udbytte af sin tilbedelse i henhold til de foreskrevne ritualer. 18. *18*

Befriede, hengivne til Sris lotusfødder, tager de til himlen og nyder

De var optaget af at tilbede Lord Brahmā, Lord Śiva og Lord Brahmā.

De mediterer på den store gudindes fødder med hengivenhed til Srimat Shankara.

Mukti, nydelsessindet, er selvros, og hengivenhed over for andre er altid i hænderne. 19. 19.

Dette er samtalen mellem Sri Kalika Kula Sarvasve Hara og Parashurama

Dette er det komplette Śrīkālikāsahasranāmastotram.

Engelsk udtale:

Shri Kali Sahasranama Stotram

shreekaaleesahasranaamastotram

kaalikaakulasarvasve

bhadrakaaleesahasranaamastotram

Det anbefales at synge trailokyamohanakAlIkavacham før

recitere sahasranAma stotra eller nAmAvalI

shreeganeshaaya namah' . om shreegurubhyo namah' .

om khad'gam chakragadeshuchaapaparidhaan shoolam bhushund'eem shirah'

shankham   sandadhateem   kuraistrinayanaam sarvaangabhooshaavri'taam .

yaa mastau svapitau harau kamalajau hantum madhum kait'abham

neelaashmadyutimaasyapaadadashakam seve mahaakaalikaam ...

om   sadyashchhinna   shirah'   kri'paanamabhayam   hastairvaram bibhrateem

ghoraasyaam shirasi srajaa suruchiraanmunyukta keshaavalim .

sri'kkaasri'kpravahaam   shmashaana   nilayaam   shrutyoh' shavaalankri'tim

shyaamaangeem kri'tamekhalaam shavakarairdeveem bhaje kaalikaam ...

raktaangeem raktavastraam karivaravilasat kund'alaam chand'adamsht'raam

kant'hodya mund'amaalaam parisaravilasadbhootapaishaachavri'ndaam .

ghoraam ghoraat't'ahaasaam karakalita kapaalaasiraudraam trinetraam

shatroonaam praanahantreem shishushashimakut'aam bhaavayet bhadrakaaleem ...

kaalim meghasamaprabhaam trinayanaam vetaalakant'hasthitaam

khad'gam khet'akapaaladaarikashirah' kri'tvaa karaagreshu cha .

bhootapretapishaachamaatri'sahitaam mund'asrajaalankri'taam

vande dusht'amasoorikaadi vipadaam samhaarineem eeshvareem ...

om hreem bham bhadrakaalyai namah' .

om aim kleem sau phreem bhadrakaalyai namah' .

kathito'yam mahaamantrah' sarvamantrottamottamah' .

yamaasaadya mayaa praaptamaishvaryapadamuttamam .. 1...

samyuktah' parayaa bhaktyaa yathoktavidhinaa bhavaan .

kurutaamarchanam devyaah' trailokyavijigeeshayaa .. 2...

shreeparashuraama uvaacha .

prasanno yadi me devah' parameshah' puraatanah' .

rahasyam parayaa devyaah' kri'payaa kathaya prabho .. 3...

yathaarchanam vinaa homam vinaa nyaasam vinaabalim .

vinaa gandham vinaa pushpam vinaa nityoditakriyaa .. 4...

praanaayaamam vinaa dhyaanam vinaa bhootavishodhanam .

vinaa jaapyam vinaa daanam vinaa kaalee praseedati .. 5..

shreeshankara uvaacha .

pri'sht'am tvayottamam praajnya bhri'guvamshavivardhanam .

bhaktaanaamapi bhakto'si tvamevam saadhayishyasi .. 6..

deveem daanavakot'ighneem leelayaa rudhirapriyaam .

sadaa stotrapriyaamugraam kaamakautukalaalasaam .. 7...

sarvadaa''nandahri'dayaam vaasavyaasaktamaanasaam .

maadhveekamatsyamaamsaadiraagineem rudhirapriyaam .. 8...

shmashaanavaasineem pretagananri'tyamahotsavaam .

yogaprabhaam yogineeshaam yogeendrahri'daye sthitaam .. 9...

taamugrakaalikaam raama prasaadayitumarhasi .

tasyaah' stotram mahaapunyam svayam kaalyaa prakaashitam .. 10...

tava tatkathayishyaami shrutvaa vatsaavadhaaraya .

gopaneeyam prayatnena pat'haneeyam paraatparam .. 11...

yasyaikakaalapat'hanaatsarve vighnaah' samaakulaah' .

nashyanti dahane deepte patangaa iva sarvatah' ... 12...

gadyapadyamayee vaanee tasya gangaapravaahavat .

tasya darshanamaatrena vaadino nishprabhaa mataah' .. 13...

raajaano'pi cha daasatvam bhajanti cha pare janaah' .

tasya haste sadaivaasti sarvasiddhirna samshayah' .. 14..

nisheethe muktaye shambhurnagnah' shaktisamanvitah' .

manasaa chintayetkaaleem mahaakaaleeti laalitaam .. 15...

pat'hetsahasranaamaakhyam stotram mokshasya saadhanam .

prasannaa kaalikaa tasya putratvenaanukampate ... 16...

vedhaa brahmaasmri'terbrahma kusumaih' poojitaa paraa .

praseedati tathaa kaalee yathaanena praseedati .. 17...

om asya shreekaalikaasahasranaamastotramahaamantrasya

mahaakaalabhairava ri'shih'

anusht'up chhandah' shmashaanakaalikaa devataa

mahaakaalikaaprasaadasiddhyarthe jape viniyogah' ...

dhyaanam .

shavaarood'haam mahaabheemaam ghoradamsht'raam hasanmukheem
.

chaturbhujaam khad'gamund'avaraabhayakaraam shivaam ...

mund'amaalaadharaam deveem lolajjihvaam digambaraam .

evam sanchintayetkaaleem shmashaanaalayavaasineem ...

atha stotram .

om kreem mahaakaalyai namah' ...

om shmashaanakaalikaa kaalee bhadrakaalee kapaalinee .

guhyakaalee mahaakaalee kurukullaa virodhinee ... 18...

kaalikaa kaalaraatrishcha mahaakaalanitambinee .

kaalabhairavabhaaryaa cha kulavartmaprakaashinee ... 19...

kaamadaa kaaminee kaamyaa kaamaneeyasvabhaavinee .

kastooreerasaneelaangee kunjareshvaragaaminee ... 20...

kakaaravarnasarvaangee kaaminee kaamasundaree .

kaamaartaa kaamaroopaa cha kaamadhenuh' kalaavatee .. 21...

kaantaa kaamasvaroopaa cha kaamaakhyaa kulapaalinee .

kuleenaa kulavatyambaa durgaa durgaartinaashinee ... 22...

kaumaaree kulajaa kri'shnaa kri'shnadehaa kri'shodaree .

kri'shaangee kulishaangee cha kreenkaaree kamalaa kalaa .. 23...

karaalaasyaa karaalee cha kulakaantaa'paraajitaa .

ugraa chograprabhaa deeptaa viprachittaa mahaabalaa ... 24...

neelaa ghanaa balaakaa cha maatraamudraapitaa'sitaa .

braahmee naaraayanee bhadraa subhadraa bhaktavatsalaa ... 25...

maaheshvaree cha chaamund'aa vaaraahee naarasimhikaa .

vajraangee vajrakankaalee nri'mund'asragvinee shivaa ... 26...

maalinee naramund'aalee galadraktavibhooshanaa .

raktachandanasiktaangee sindooraarunamastakaa ... 27...

ghoraroopaa ghoradamsht'raa ghoraaghorataraa shubhaa .

mahaadamsht'raa mahaamaayaa sudatee yugadanturaa ... 28...

sulochanaa viroopaakshee vishaalaakshee trilochanaa .

shaaradenduprasannaasyaa sphuratsmeraambujekshanaa .. 29...

at't'ahaasaprasannaasyaa smeravaktraa subhaashinee .

prasannapadmavadanaa smitaasyaa priyabhaashini ... 30..

kot'araakshee kulashresht'haa mahatee bahubhaashinee .

sumatih' kumatishchand'aa chand'amund'aativeginee .. 31...

prachand'aa chand'ikaa chand'ee charchikaa chand'aveginee .

sukeshee muktakeshee cha deerghakeshee mahatkachaa .. 32...

pretadehaa karnapooraa pretapaanisumekhalaa .

pretaasanaa priyapretaa pretabhoomikri'taalayaa .. 33...

shmashaanavaasinee punyaa punyadaa kulapand'itaa .

punyaalayaa punyadehaa punyashlokee cha paavanee ... 34...

putraa pavitraa paramaa puraapunyavibhooshanaa .

punyanaamnee bheetiharaa varadaa khad'gapaaninee ... 35...

nri'mund'ahastashastaa cha chhinnamastaa sunaasikaa .

dakshinaa shyaamalaa shyaamaa shaantaa pecnonnatastanee .. 36...

digambaraa ghoraraavaa sri'kkaantaa raktavaahinee .

ghoraraavaa shivaa khad'gaa vishankaa madanaaturaa ... 37...

mattaa pramattaa pramadaa sudhaasindhunivaasinee .

atimattaa mahaamattaa sarvaakarshanakaarinee ... 38...

geetapriyaa vaadyarataa pretanri'tyaparaayanaa .

chaturbhujaa dashabhujaa asht'aadashabhujaa tathaa .. 39...

kaatyaayanee jaganmaataa jagatee parameshvaree .

jagadbandhurjagaddhaatree jagadaanandakaarinee ... 40...

janmamayee haimavatee mahaamaayaa mahaamahaa .

naagayajnyopaveetaangee naaginee naagashaayinee ... 41...

naagakanyaa devakanyaa gandharvee kinnareshvaree .

moharaatree mahaaraatree daarunaa bhaasuraambaraa ... 42...

vidyaadharee vasumatee yakshinee yoginee jaraa .

raakshasee d'aakinee vedamayee vedavibhooshanaa ... 43...

shrutih' smri'tirmahaavidyaa guhyavidyaa puraatanee .

chintyaa'chintyaa svadhaa svaahaa nidraa tandraa cha paarvatee .. 44..

aparnaa nishchalaa lolaa sarvavidyaa tapasvinee .

gangaa kaashee shachee seetaa satee satyaparaayanaa ... 45...

neetissuneetissuruchistusht'ih' pushtir'dhri'tih' kshamaa .

vaanee buddhirmahaalakshmeerlakshmeerneelasarasvatee ... 46...

srotasvatee sarasvatee maatangee vijayaa jayaa .

nadee sindhuh' sarvamayee taaraa shoonyanivaasinee ... 47...

shuddhaa taranginee medhaa laakinee bahuroopinee .

sthoolaa sookshmaa sookshmataraa bhagavatyanuroopinee ... 48...

paramaanusvaroopaa cha chidaanandasvaroopinee .

sadaanandamayee satyaa sarvaanandasvaroopinee ... 49...

sunandaa nandinee stutyaa stavaneeyasvabhaavinee .

ranginee t'ankinee chitraa vichitraa chitraroopinee ... 50...

padmaa padmaalayaa padmamukhee padmavibhooshanaa .

d'aakinee shaakinee kshaantaa raakinee rudhirapriyaa ... 51...

bhraantirbhavaanee rudraanee mri'd'aanee shatrumardinee .

upendraanee mahendraanee jyotsnaa chandrasvaroopinee ... 52...

sooryaatmikaa rudrapatnee raudree stree prakri'tih' pumaan .

shaktirmuktirmatirmaataa bhaktirmuktih' pativrataa .. 53...

sarveshvaree sarvamaataa sharvaanee haravallabhaa .

sarvajnyaa siddhidaa siddhaa bhavyaa bhaavyaa bhayaapahaa ... 54...

kartree hartree paalayitree sharvaree taamasee dayaa .

tamisraa taamasee sthaanuh' sthiraa dheeraa tapasvinee .. 55...

chaarvangee chanchalaa lolajihvaa chaarucharitrinee .

trapaa trapaavatee lajjaa vilajjaa harayauvatee .. 56... (hree rajovatee)

satyavatee dharmanisht'haa shresht'haa nisht'huravaadinee .

garisht'haa dusht'asamhartree vishisht'aa shreyasee ghri'naa ... 57...

bheemaa bhayaanakaa bheemanaadinee bheeh' prabhaavatee .

vaageeshvaree shreeryamunaa yajnyakartree yajuh'priyaa ... 58...

ri'ksaamaatharvanilayaa raaginee shobhanaa suraa . (shobhanasvaraa)

kalakant'hee kambukant'hee venuveenaaparaayanaa ... 59...

vamshinee vaishnavee svachchhaa dhaatree trijagadeeshvaree .

madhumatee kund'alinee ri'ddhih' shuddhih' shuchismitaa ... 60...

rambhorvashee ratee raamaa rohinee revatee makhaa .

shankhinee chakrinee kri'shnaa gadinee padminee tathaa ... 61...

shoolinee parighaastraa cha paashinee shaarngapaaninee .

pinaakadhaarinee dhoomraa surabhee vanamaalinee ... 62...

rathinee samarapreetaa veginee ranapand'itaa .

jat'inee vajrinee neelaa laavanyaambudachandrikaa ... 63...

balipriyaa sadaapoojyaa daityendramathinee tathaa .

mahishaasurasamhartree kaaminee raktadantikaa ... 64...

raktapaa rudhiraaktaangee raktakharparadhaarinee .

raktapriyaa maamsaruchirvaasavaasaktamaanasaa .. 65...

galachchhonitamund'aalee kant'hamaalaavibhooshanaa .

shavaasanaa chitaantasthaa maheshee vri'shavaahinee ... 66...

vyaaghratvagambaraa cheenachailinee simhavaahinee .

vaamadevee mahaadevee gauree sarvajnyabhaaminee ... 67...

baalikaa tarunee vri'ddhaa vri'ddhamaataa jaraaturaa .

subhroorvilaasinee brahmavaadinee braahmanee satee ... 68...

suptavatee chitralekhaa lopaamudraa sureshvaree .

amoghaa'rundhatee teekshnaa bhogavatyanuraaginee ... 69...

mandaakinee mandahaasaa jvaalaamukhya'suraantakaa .
(jvaalaamukhee+asuraantakaa)

maanadaa maaninee maanyaa maananeeyaa madaaturaa ... 70...

madiraameduronmaadaa medhyaa saadhyaa prasaadinee .

sumadhyaa'nantaguninee sarvalokottamottamaa ... 71...

jayadaa jitvaree jaitree jayashreerjayashaalinee .

sukhadaa shubhadaa satyaa sabhaasankshobhakaarinee .. 72...

shivadootee bhootimatee vibhootirbhooshanaananaa .

kaumaaree kulajaa kuntee kulastree kulapaalikaa ... 73...

keertiryashasvinee bhooshaa bhoosht'haa bhootapatipriyaa .

sugunaa nirgunaa'dhisht'haa nisht'haa kaasht'haa prakaashinee .. 74...
(pratisht'hitaa)

dhanisht'haa dhanadaa dhaanyaa vasudhaa suprakaashinee .

urvee gurvee gurushresht'haa shad'gunaa trigunaatmikaa ... 75...

raajnyaamaajnyaa mahaapraajnyaa sugunaa nirgunaatmikaa .

mahaakuleenaa nishkaamaa sakaamaa kaamajeevanaa ... 76...

kaamadevakalaa raamaa'bhiraamaa shivanartakee .

chintaamanih' kalpalataa jaagratee deenavatsalaa ... 77...

kaartikee kri'ttikaa kri'tyaa ayodhyaa vishamaa samaa .

sumantraa mantrinee ghoornaa hlaadinee kleshanaashinee ... 78...

trailokyajananee hri'sht'aa nirmaamsaamalaroopinee .

tad'aaganimnajat'haraa shushkamaamsaasthimaalinee ... 79...

avantee madhuraa hri'dyaa trailokyaapaavanakshamaa .

vyaktaa'vyaktaa'nekamoortee shaarabhee bheemanaadinee ... 80...

kshemankaree shaankaree cha sarvasammohakaarinee .

oorddhvatejasvinee klinnaa mahaatejasvinee tathaa ... 81...

advaitaa yoginee poojyaa surabhee sarvamangalaa .

sarvapriyankaree bhogyaa dhaninee pishitaashanaa ... 82...

bhayankaree paapaharaa nishkalankaa vashankaree .

aashaa tri'shnaa chandrakalaa nidraanaa vaayuveginee ... 83...

sahasrasooryasankaashaa chandrakot'isamaprabhaa .

nishumbhashumbhasamhartree raktabeejavinaashinee ... 84...

madhukait'abhasamhartree mahishaasuraghaatinee .

vahnimand'alamadhyasthaa sarvasattvapratisht'hitaa ... 85...

sarvaachaaravatee sarvadevakanyaadhidevataa .

dakshakanyaa dakshayajnyanaashinee durgataarinee ... 86...

ijyaa poojyaa vibhaa bhootih' satkeertirbrahmachaarinee .

rambhorooshchaturaa raakaa jayantee varunaa kuhooh' ... 87...

manasvinee devamaataa yashasyaa brahmavaadinee .

siddhidaa vri'ddhidaa vri'ddhih' sarvaadyaa sarvadaayinee ... 88...

aadhaararoopinee dhyeyaa moolaadhaaranivaasinee .

aajnyaa prajnyaa poornamanaa chandramukhyanukoolinee ... 89...

vaavadookaa nimnanaabhih' satyasandhaa dri'd'havratee .

aanveekshikee dand'aneetistrayee tridivasundaree ... 90...

jvaalinee jvalinee shailatanayaa vindhyavaasinee .

pratyayaa khecharee dhairyaa tureeyaa vimalaa"turaa ... 91...

pragalbhaa vaarunee kshaamaa darshinee visphulinginee .

bhaktih' siddhih' sadaapraaptih' prakaamyaa mahimaa'nimaa ... 92...

eekshaasiddhirvashitvaa cha eeshitvordhvanivaasinee .

laghimaa chaiva saavitree gaayatree bhuvaneshvaree ... 93...

manoharaa chitaa divyaa devyudaaraa manoramaa .

pingalaa kapilaa jihvaa rasajnyaa rasikaa rasaa ... 94...

sushumned'aa yogavatee gaandhaaree navakaantakaa .

paanchaalee rukminee raadhaa raadhyaa bhaamaa cha raadhikaa ... 95...

amri'taa tulasee vri'ndaa kait'abhee kapat'eshvaree .

ugrachand'eshvaree veerajananee veerasundaree ... 96...

ugrataaraa yashodaakhyaa devakee devamaanitaa .

niranjanaa chitradevee krodhinee kuladeepikaa ... 97...

kularaageeshvaree jvaalaa maatrikaa draavinee dravaa .

yogeeshvaree mahaamaaree bhraamaree binduroopinee ... 98...

dootee praaneshvaree guptaa bahulaa d'aamaree prabhaa .

kubjikaa jnyaaninee jyesht'haa bhushund'ee prakat'aakri'tih' ... 99...

draavinee gopinee maayaa kaamabeejeshvaree priyaa .

shaakambharee kokanadaa susatyaa cha tilottamaa ... 100...

ameyaa vikramaa krooraa samyakchheelaa trivikramaa .

svastirhavyavahaa preetirukmaa dhoomraarchirangadaa ... 101...

tapinee taapinee vishvabhogadaa dhaarinee dharaa .

trikhand'aa rodhinee vashyaa sakalaa shabdaroopinee ... 102...

beejaroopaa mahaamudraa vashinee yogaroopinee .

anangakusumaa'nangamekhalaa'nangaroopinee ... 103...

anangamadanaa'nangarekhaa'nangakusheshvaree .

anangamaalinee kaameshvaree sarvaarthasaadhikaa ... 104...

sarvatantramayee sarvamodinyaanandaroopinee .

vajreshvaree   cha   jayinee   sarvaduh'khakshayankaree   ...   105...
(vrajeshvaree)

shad'angayuvatee yogeyuktaa jvaalaamshumaalinee .

duraashayaa duraadhaaraa durjayaa durgaroopinee ... 106...

durantaa dushkri'tiharaa durdhyeyaa duratikramaa .

hamseshvaree trilokasthaa shaakambharyanuraaginee ... 107...

trikonanilayaa nityaa paramaamri'taranjitaa .

mahaavidyeshvaree shvetaa bherund'aa kulasundaree ... 108...

tvaritaa bhaktisamyuktaa bhaktivashyaa sanaatanee .

bhaktaanandamayee bhaktabhaavitaa bhaktashankaree ... 109...

sarvasaundaryanilayaa sarvasaubhaagyashaalinee .

sarvasambhogabhavanaa sarvasaukhyaanuroopinee ... 110...

kumaareepoojanarataa kumaareevratachaarinee .

kumaareebhaktisukhinee kumaareeroopadhaarinee ... 111...

kumaareepoojakapreetaa kumaareepreetidapriyaa .

kumaareesevakaasangaa kumaareesevakaalayaa ... 112...

aanandabhairavee baalabhairavee bat'ubhairavee .

shmashaanabhairavee kaalabhairavee purabhairavee ... 113...

mahaabhairavapatnee cha paramaanandabhairavee .

suraanandabhairavee cha unmaadaanandabhairavee ... 114...

yajnyaanandabhairavee cha tathaa tarunabhairavee .

jnyaanaanandabhairavee cha amri'taanandabhairavee ... 115...

mahaabhayankaree teevraa teevravegaa tarasvinee .

tripuraa parameshaanee sundaree purasundaree ... 116...

tripureshee panchadashee panchamee puravaasinee .

mahaasaptadashee chaiva shod'ashee tripureshvaree ... 117...

mahaankushasvaroopaa cha mahaachakreshvaree tathaa .

navachakreshvaree chakreshvaree tripuramaalinee ... 118...

raajachakreshvaree raajnyee mahaatripurasundaree .

sindoorapooraruchiraa shreemattripurasundaree ... 119...

sarvaangasundaree raktaaraktavastrottareeyakaa .

yavaayaavakasindooraraktachandanadhaarinee ... 120...

yavaayaavakasindooraraktachandanaroopadhri'k .

chamaree baalakut'ilaa nirmalaa shyaamakeshinee ... 121...

vajramauktikaratnaad'hyaa kireet'akund'alojjvalaa .

ratnakund'alasamyuktaa sphuradgand'amanoramaa ... 122...

kunjareshvarakumbhotthamuktaaranjitanaasikaa .

muktaavidrumamaanikyahaaraadyastanamand'alaa ... 123...

sooryakaantendukaantaad'hyaa sparshaashmagalabhooshanaa .

beejapoorasphuradbeejadantapanktiranuttamaa ... 124...

kaamakodand'akaabhugnabhrookat'aakshapravarshinee   .   (bhugna buet)

maatangakumbhavakshojaa lasatkanakadakshinaa ... 125...

manojnyashashkuleekarnaa hamseegativid'ambinee .

padmaraagaangadadyotaddoshchatushkaprakaashinee ... 126...

karpooraagarukastooreekunkumadravalepitaa .

vichitraratnapri'thiveekalpashaakhitalasthitaa ... 127...

ratnadeepasphuradratnasimhaasananivaasinee .

shat'chakrabhedanakaree paramaanandaroopinee ... 128...

sahasradalapadmaantaa chandramand'alavartinee .

brahmaroopaa shivakrod'aa naanaasukhavilaasinee ... 129...

haravishnuvirinchendragrahanaayakasevitaa .

shivaa shaivaa cha rudraanee tathaiva shivanaadinee ... 130...

mahaadevapriyaa devee tathaivaanangamekhalaa .

d'aakinee yoginee chaiva tathopayoginee mataa ... 131...

maaheshvaree vaishnavee cha bhraamaree shivaroopinee .

alambusaa bhogavatee krodharoopaa sumekhalaa ... 132...

gaandhaaree hastijihvaa cha id'aa chaiva shubhankaree .

pingalaa dakshasootree cha sushumnaa chaiva gaandhinee ... 133...

bhagaatmikaa bhagaadhaaraa bhageshee bhagaroopinee .

lingaakhyaa chaiva kaameshee tripuraa bhairavee tathaa ... 134...

lingageetissugeetishcha lingasthaa lingaroopadhri'k .

lingamaalaa lingabhavaa lingaalingaa cha paavakee ... 135...

bhagavatee kaushikee cha premaroopaa priyamvadaa .

gri'dhraroopee shivaaroopaa chakreshee chakraroopadhri'k .. 136...
(dri'dhra)

aatmayonirbrahmayonirjagadyonirayonijaa .

bhagaroopaa bhagasthaatree bhaginee bhagamaalinee ... 137...

bhagaatmikaa bhagaadhaaraa roopinee bhagashaalinee .

lingaabhidhaayinee lingapriyaa linganivaasinee ... 138...

lingasthaa linginee lingaroopinee lingasundaree .

lingageetirmahaapreetirbhagageetirmahaasukhaa ... 139...

linganaamasadaanandaa bhaganaamasadaaratih' .

bhaganaamasadaanandaa linganaamasadaaratih' ... 140...

lingamaalakaraabhooshaa bhagamaalaavibhooshanaa .

bhagalingaamri'tavri'taa bhagalingaamri'taatmikaa ... 141...

bhagalingaarchanapreetaa bhagalingasvaroopinee .

bhagalingasvaroopaa cha bhagalingasukhaavahaa ... 142...

svayambhookusumapreetaa svayambhookusumaarchitaa .

svayambhookusumapraanaa svayambhookusumotthitaa ... 143...

svayambhookusumasnaataa svayambhoopushpatarpitaa .

svayambhoopushpaghat'itaa svayambhoopushpadhaarinee ... 144...

svayambhoopushpatilakaa svayambhoopushpacharchitaa .

svayambhoopushpanirataa svayambhookusumaagrahaa ... 145...

svayambhoopushpayajnyeshaa   svayambhookusumaalikaa   .
(yajnyaashaa yajnyaangaa)

svayambhoopushpanichitaa   svayambhookusumaarchitaa   ..   146...
(kusumapriyaa)

svayambhookusumaadaanalaalasonmattamaanasaa .

svayambhookusumaanandalaharee snigdhadehinee ... 147...

svayambhookusumaadhaaraa svayambhookusumaakulaa .

svayambhoopushpanilayaa svayambhoopushpavaasinee ... 148...

svayambhookusumaasnigdhaa svayambhookusumaatmikaa .

svayambhoopushpakarinee svayambhoopushpamaalikaa ... 149...

svayambhookusumanyaasaa svayambhookusumaprabhaa .

svayambhookusumajnyaanaa svayambhoopushpabhoginee ... 150...

svayambhookusumollaasaa svayambhoopushpavarshinee .

svayambhookusumaanandaa svayambhoopushpapushpinee ... 151...

svayambhookusumotsaahaa svayambhoopushparoopinee .

svayambhookusumonmaadaa svayambhoopushpasundaree ... 152...

svayambhookusumaaraadhyaa svayambhookusumodbhavaa .

svayambhookusumaavyagraa svayambhoopushpapoornitaa ... 153...

svayambhoopoojakapraajnyaa svayambhoohotri'maatrikaa .

svayambhoodaatri'rakshitree svayambhoobhaktabhaavikaa ... 154...

svayambhookusumapreetaa svayambhoopoojakapriyaa .

svayambhoovandakaadhaaraa svayambhoonindakaantakaa ... 155...

svayambhoopradasarvasvaa svayambhoopradaputrinee .

svayambhoopradasasmeraa svayambhootashareerinee ... 156...

sarvalokodbhavapreetaa sarvakaalodbhavaatmikaa .

sarvakaalodbhavodbhaavaa sarvakaalodbhavodbhavaa ... 157...

kundapushpasamaapreetih' kundapushpasamaaratih' .

kundagolodbhavapreetaa kundagolodbhavaatmikaa ... 158...

svayambhoorvaa shivaa shaktaa paavinee lokapaavinee .

keertiryashasvinee medhaa vimedhaa surasundaree ... 159...

ashvinee kri'ttikaa pushyaa tejasvee chandramand'alaa .

sookshmaa sookshmapradaa sookshmaasookshmabhayavinaashinee ... 160...

varadaa'bhayadaa chaiva muktibandhavinaashinee .

kaamukee kaamadaa kshaantaa kaamaakhyaa kulasundaree ... 161...

sukhadaa duh'khadaa mokshaa mokshadaarthaprakaashinee .

dusht'aadusht'amatee chaiva sarvakaaryavinaashinee ... 162...

shukradhaaraa shukraroopaa shukrasindhunivaasinee .

shukraalayaa shukrabhogaa shukrapoojaa sadaaratih' ... 163...

shukrapoojyaa shukrahomasantusht'aa shukravatsalaa .

shukramoortih' shukradehaa shukrapoojakaputrinee ... 164...

shukrasthaa shukrinee shukrasamspri'haa shukrasundaree .

shukrasnaataa shukrakaree shukrasevyaatishukrinee ... 165...

mahaashukraa shukrabhavaa shukravri'sht'ividhaayinee .

shukraabhidheyaa shukraarhaa shukravandakavanditaa ... 166...

shukraanandakaree shukrasadaanandavidhaayinee .

shukrotsaahaa sadaashukrapoornaa shukramanoramaa ... 167...

shukrapoojakasarvasthaa shukranindakanaashinee .

shukraatmikaa shukrasampachchhukraakarshanakaarinee ... 168...

raktaashayaa raktabhogaa raktapoojaasadaaratih' .

raktapoojyaa raktahomaa raktasthaa raktavatsalaa .. 169...

raktapoornaa raktadehaa raktapoojakaputrinee .

raktaakhyaa raktinee raktasamspri'haa raktasundaree ... 170...

raktaabhidehaa raktaarhaa raktavandakavanditaa .

mahaaraktaa raktabhavaa raktavri'sht'ividhaayinee ... 171...

raktasnaataa raktapreetaa raktasevyaatiraktinee .

raktaanandakaree raktasadaanandavidhaayinee ... 172...

raktaaraktaa raktapoornaa raktasevyakshineeramaa . (raktasevyaa manoramaa)

raktasevakasarvasvaa raktanindakanaashinee ... 173...

raktaatmikaa raktaroopaa raktaakarshanakaarinee .

raktotsaahaa raktavyagraa raktapaanaparaayanaa .. 174... (raktotsaahaa raktaad'hyaa)

shonitaanandajananee kallolasnigdharoopinee .

saadhakaantargataa devee paarvatee paapanaashinee ... 175...

saadhoonaam hri'disamsthaatree saadhakaanandakaarinee .

saadhakaanaam cha jananee saadhakapriyakaarinee ... 176...

saadhakaprachuraanandasampattisukhadaayinee .

saadhakaa   saadhakapraanaa   saadhakaasaktamaanasaa   ..   177...
(shaaradaa)

saadhakottamasarvasvaasaadhakaa bhaktaraktapaa . (bhaktavatsalaa)

saadhakaanandasantoshaa saadhakaarivinaashinee ... 178...

aatmavidyaa brahmavidyaa parabrahmakut'umbinee .

trikoot'asthaa panchakoot'aa sarvakoot'ashareerinee ... 179...

sarvavarnamayee varnajapamaalaavidhaayinee .

iti shreekaalikaanaamnaam sahasram shivabhaashitam ... 180...

phalashrutih' .

guhyaat guhyataram saakshaanmahaapaatakanaashanam .

poojaakaale nisheethe cha sandhyayorubhayorapi ... 1...

labhate gaanapatyam sa yah' pat'hetsaadhakottamah' .

yah' pat'hetpaat'hayedvaapi shri'noti shraavayedapi .. 2..

sarvapaapavinirmuktah' sa yaati kaalikaapadam .

shraddhayaa'shraddhayaa vaapi yah' kashchinmaanavah' pat'het .. 3...

durgaaddurgataram teertvaa sa yaati kaalikaapadam .

vandhyaa vaa kaakavandhyaa vaa mri'taputraa cha yaanganaa .. 4..

shrutvaa stotramidam putraan labhate chirajeevinah' .

yam yam kaamayate kaamam pat'han stotramanuttamam .. 5..

deveevarapradaanena tam tam praapnoti nityashah' .

svayambhookusumaih' shuklaih' sugandhikusumaanvitaih' .. 6..

Nogle versioner inkluderer omkring 50 vers på dette sted, men de vises

at være relateret til tAntrisk praksis og er derfor udeladt her

guruvishnumaheshaanaamabhedena maheshvaree .

samantaadbhaavayenmantree mahesho naatra samshayah' .. 7...

sa shaaktah' shivabhaktashcha sa eva vaishnavottamah' .

sampoojya stauti yah' kaaleemadvaitabhaavamaavahan .. 8...

devyaanandena saanando deveebhaktyaikabhaktimaan .

sa eva dhanyo yasyaarthe mahesho vyagramaanasah' ... 9..

kaamayitvaa yathaakaamam stavamenamudeerayet .

sarvarogaih' parityakto jaayate madanopamah' ... 10...

chakram vaa stavamenam vaa dhaarayedangasangatam .

vilikhya vidhivatsaadhuh' sa eva kaalikaatanuh' .. 11..

devyai niveditam yadyattasyaamsham bhakshayennarah' .

divyadehadharo bhootvaa devyaah' paarshvadharo bhavet .. 12...

naivedyanindakam dri'sht'vaa nri'tyanti yogineeganaah' .

raktapaanodyataassarvaa maamsaasthicharvanodyataah' .. 13...

tasmaanniveditam devyai dri'sht'vaa shrutvaa cha maanavah' .

na nindenmanasaa vaachaa kusht'havyaadhiparaangmukhah' .. 14...

aatmaanam kaalikaatmaanam bhaavayan stauti yah' shivaam .

shivopamam gurum dhyaatvaa sa eva shreesadaashivah' ... 15...

yasyaalaye tisht'hati noonametatstotram bhavaanyaa likhitam vidhijnyaih' .

gorochanaalaktakakunkumaaktakarpoorasindooramadhudravena   ... 16...

na tatra chorasya bhayam na haasyo na vairibhirnaa'shanivahnibheetih' .

utpaatavaayorapi naa'trashankaa lakshmeeh' svayam tatra vasedalolaa .. 17...

stotram pat'hettadanantapunyam deveepadaambhojaparo manushyah' .

vidhaanapoojaaphalameva   samyak   praapnoti sampoornamanoratho'sau .. 18...

muktaah' shreecharanaaravindanirataah' svargaamino bhogino

brahmopendrashivaatmakaarchanarataa loke'pi samlebhire .

shreemachchhankarabhaktipoorvakamahaadeveepadadhyaayino

muktirbhuktimatih' svayam stutiparaabhaktih' karasthaayinee ... 19...

iti shreekaalikaakulasarvasve haraparashuraamasamvaade

shreekaalikaasahasranaamastotram sampoornam ...

Don't miss out!

Visit the website below and you can sign up to receive emails whenever Kiran Atma publishes a new book. There's no charge and no obligation.

https://books2read.com/Kiran-Atma

BOOKS 2 READ

Connecting independent readers to independent writers.

About the Author

Kiran Atma er født som hindu og har været praktiserende hedning og heks, siden han kom i puberteten. Kiran fortsætter med at undersøge, studere og analysere den historie og nutidige praksis, der er forbundet med hans tro og håndværk, som det ses over hele verden, mens han deler det samme med det bredere samfund. Kirans arbejde håber at kunne hjælpe dig med at udvide din bevidsthed og uddybe din forståelse af disse rige områder af viden, spiritualitet og kulturel mangfoldighed, som han har fundet så fascinerende.

Read more at https://www.kiranatma.com/.

www.ingramcontent.com/pod-product-compliance
Lightning Source LLC
Chambersburg PA
CBHW071310140726
47996CB00005B/1716